어떻게 해야
원하는 삶을 사는가

어떻게 해야
원하는 삶을 사는가

데이지 웨이드먼 지음 | 안명희 옮김

Remember
who
you are

포레스트북스

데이비드 E. 벨David E. Bell

스티븐 P. 코프먼Stephen P. Kaufman

낸시 F. 코엔Nancy F. Koehn

로자베스 M. 캔터Rosabeth M. Kanter

H. 켄트 보엔H.Kent Bowen

프랜시스 X. 프레이Frances X. Frei

티머시 버틀러Timothy Butler

토머스 J. 들롱Thomas J. DeLong

자이 자이쿠마르Jai Jaikumar

제프리 F. 레이포트Jeffrey F. Rayport

리처드 S. 테들로Richard S. Tedlow

토머스 K. 매크로Thomas K. McCraw

헨리 B. 레일링Henry B. Reiling

니틴 노리아Nitin Nohria

킴 B. 클라크Kim B. Clark

"나는 과거의 내가 했던 실수를 여러분이
되풀이하지 않도록 돕고 싶다.
소중하지만 금방 지나가버릴 인생의 한 페이지를
그저 당연한 것으로 받아들이지 않기를,
그리고 그 어떤 것보다 스스로의 결심이
가장 중요하고 위대하다는 사실을
절대 잊지 말기를 바라며."

나는 펜 뚜껑을 닫고 몸을 앞으로 바짝 당겨 앉았다. 그리고 책상 위에 팔꿈치를 괴고 익히 잘 알고 있는 다음 순간을 간절히 기다렸다.

그날은 내가 다니는 하버드 경영대학의 세 번째 학기 마지막 날이었다. 부드럽게 표현하자면, 지난 몇 달 동안 나는 잘 지내지 못했다. 나는 스물일곱 살의 나이에 인생 최초의 불경기를 맞고 있었다.

당시 나는 일자리를 구하기 위해 캠퍼스에서 열리는 거의 모든 기업 설명회에 참석했다. 설명회에 나타난 몇 안 되는 기업의 인사 담당자들은 자신이 다니는 회사를 신나게 소개했지만 서둘러 여름방학 동안 일할 인턴사원만 채용할 계획이라며 양해를 구했다. 그렇다고 예전에 다녔던 회사로 돌아갈 수도 없었다. 최근 들은 바로 그곳은 직원들을 대량 해고 중이라고 했다.

학기가 끝나가면서 나의 마음은 점점 더 복잡해질 수밖에 없었다. 물론 내가 운이 좋다는 사실을 알고 있고 그동안 얻은 것들에 대해 늘 고마움을 느끼고는 있다. 좋은 교육 환경과 사랑하는 친구들에게 둘러싸여 이렇게 오랫동안 학교에 다닐 수 있다는 것에 감사하면서도, 한편으로 걱정되고 불안한 마음은 어쩔 수 없었다. 졸업을 앞둔 나는 학자금 상환을 고민하느라 지친 상태였고, 누군가가 나에게 따뜻한 커피 한잔을 건네주며 다정하면서도 단호한 목소리로 모든 일이 잘될 것이라고 말해주기를 간절히 바라고 있었다.

그러다 스스로 내린 선택에 대해 의심을 하게 됐고 '과연 경영이 나에게 맞는 분야일까?'라는 생각까지 들었다. 물론 선택한 경력을 계속하기 위해 당장 필요한 것은 직장이었지만 목표를 제대로 이루기 위해 나 자신이 경영인이자 리더로서의 가능성을 지니고 있다는 신념을 되찾는 것 역시 중요했다. 재충전과 자극이 필요했다. 이런 복합적인 이유로 나는 의자 끝에 걸터앉아 교수님의 이야기를 애타게 기다렸다.

하버드 경영대학의 모든 마지막 수업들처럼 이 수업 역시 평소와는 달랐다. 사례연구에 대한 토론도 없고 전형적인 수업의 흐름대로 흘러가지도 않았다. 그 전형적인 흐름이란, 교수님이 질문을 할 때마다 스무 명쯤 되는 학생들이 손을 번쩍 들고 다양한 견해를 앞서거니 뒤서거니 주고받다가 시간이 흐르면서 점차 사례의 주인공이 일을 어떻게 처리해야 할지에 대한 의견들을 정리하는 것이다.

마찬가지로 칠판에는 아무것도 적혀 있지 않았다. 그리고 교수님은 몇 가지의 주제를 간단히 설명하고 기말고사 형식에 대해 말씀하셨다. 100명가량 되는 학생들은 메모를 하고, 노트를 치우고, 노트북 뚜껑을 닫았지만 아직 수업이 끝나지는 않았기 때문에 모두 조용히 앉아 있었다. 교수님은 우리의 스승으로서 마지막 남은 단 몇 분의 시간 동안, 자신이 인생에서 경험했던, 제자들에게 줄 수 있는 최고의 조언이라고 생각하는 어떤 이야기를 해주려는 참이었다.

이것은 하버드의 오랜 전통으로, 이미 두 학기를 보낸 나는 지금까지 대략 열두 편의 이야기를 들었다. 처음에는 놀랐고 그다음에는 매우 기뻤다. 교수님들의 개인적인 도전과 성공, 실수에 대해 들으며 그들도 나처럼 인생에서 과오를 저지르거나 깊은 혼란에 빠진 순간들이 있었음을 알게 됐다. 그중에는 재미있는 일화들도, 수년에 걸친 숙고의 결과들도 있었다. 벅찬 감동으로 모두를 울게 만든 에피소드도 있었다. 한 교수님은 공들여 만든 파워포인트 슬라이드 화면을 보여주며 무심히 교탁에 몸을 기댄 채 확신에 차서 이야기했고, 어떤 교수님은 메모를 한 노란색 종이를 손에 꼭 쥐고 구부정한 자세로 강의실을 천천히 걸어 다니며 설명했다. 몇몇 분은 말씀 중에 우리들처럼 당신들도 그 이야기를 처음 듣는다는 듯이 말을 멈추고 생각에 푹 잠기기도 했다. 그렇지만 대부분은 가벼운 농담을 섞어가며 편하게 이야기했다. 그 내용들은 교수님들의 성격만큼이나 다양했지만 모두 어떤 책에서도 얻을 수 없는 생생한 조언이자 보다 나은 인생을 살아가는 방법에 대한 이야기라는 공통점이 있었다.

교수님들의 경험담을 듣고 나는 며칠 동안 그 의미에 대해 생각했다. 친구들과 카페에서 점심을 먹거나 주점에서 맥주를 마시며 나눈 대화에서 그들 역시 교수님들의 이야기를 통해 깊은 감명을 받았음을 알게 되었다.

12월의 그날, 강의실에 앉아 교수님의 이야기를 기다리는 동안 이런 생각을 해보았다. 그들의 이야기 하나하나가 수많은 학생을 감동시킬 정도로 뭉클하면서도 강력한 힘이 있다면, 그중에서도 특별히 더 가슴을 벅차게 만드는 내용들을 한 곳에 모아 놓으면 어떨까? 불현듯이 머릿속에 작은 아이디어가 깜빡거렸다. '누군가가 이 마지막 수업을 기록해야 해!'

비에 젖은 졸업식을 치르기도 전에 나는 그 일에 착수했고 그로부터 18개월 후에 이 책이 나왔다. 푹푹 찌는 여름 내내 교수님들을 차례로 만나서 출간에 대한 생각을 말씀드렸다. 이 책은 나와 친구들에게 특히 큰 자극이 되었거나 큰 영향을 준 교수님들의 이야기들과, 책의 취지에 딱 들어맞는 생각이나 조언이 담긴 몇몇 교수님들의 기고문들로 이루어져 있다. 그렇게 하버드 경영대학의 교수님들이 풀어낸 열다섯 편의 독특한 인생 교훈이 한 권의 책에 담기게 된 것이다.

『어떻게 해야 원하는 삶을 사는가』에 실린 글들은 인생의 갈림길에 서서 어떤 선택을 해야만 하는 순간을 마주한 젊은 MBA 학생들에게 하는 조언으로 채워져 있지만 이외에도 자신의 능력을 강화하고자 하는 사람들이나 도전을 요구하는 회사 업무를 처리하는 데 도움이 필요한 사람, 새로운 시작을 앞둔 사람 등 누구에게나 유용한 내용이다. 이야기들은 대부분 비즈니스 세계에 초점을 맞추고 있으나 회사가 아닌 병원이

나 학급 혹은 가족 등을 이끄는 사회 각 층의 모든 이들에게 동기를 부여하는 데 도움이 될 것이다.

나는 마지막 수업을 녹음하고 받아쓰기보다는 교수님들과의 개별적 인터뷰를 통해 긴밀하게 작업했고 이것을 지면으로 옮겼다. 전직 기자였던 한 교수님은 처음부터 끝까지 완벽하게 원고를 작성해주셨고, 또 다른 교수님은 제자들이 완성해놓은 글을 나에게 건네주시어 그것을 내가 적절히 고쳐 쓰는 방식으로 정리했다.

원고가 점점 형태를 갖추면서 나는 그들의 이야기가 서로 맞물리고 겹치기도 하는 것을 알았지만 저마다 복잡한 삶의 가닥을 보여주는 만큼 유형을 나누기가 어려웠다. 그래도 작업을 계속하면서 마음속으로 내용을 네 개의 범주로 나누었고 이러한 구분에 따라 차례를 구성했다.

1장은 자신이 목표로 정한 미래의 모습에 접근하기 위해 필요한 자기 관리 기술과 전략적이고 심리적인 도구들에 대한 이야기이다. 데이비드 벨 교수님은 두려움 없이 모험을 감행하는 법을 동창회라는 아주 적절한 비유를 통해 가르쳐주며, 스티븐 코프먼 교수님은 모든 사람이 승진할 때 빠지기 쉬운 함정에 대해 들려준다. 낸시 코엔 교수님은 불완전한 당신과 주변의 사람들을 제대로 바라볼 수 있게 하며, 로자베스 캔터 교수님은 재치 있는 언변으로 성공적인 연설을 할 수 있었던 경험을 들려준다.

2장에서는 타인을 대하는 태도가 곧 나 자신임을 보여주며 나아가 그들에게 동기를 부여하고 영감을 주는 방법을 안내한다. 켄트 보엔 교수님은 현재의 자신을 있게 해준 누군가의 희생에 진심으로 감사하라는 조언을 하고, 프랜시스 프레이 교수님은 자기에게 주어진 소중한 순간을 즐겨야 한다고 말한다. 티머시 버틀러 교수님은 직원들의 열정과 재능이 중요한 역할을 하도록 제대로 격려하는 방법을, 토머스 들롱 교수님은 언제 어디서나 주위의 사람들에게 긍정적인 영향을 미치는 방법에 대해 알려준다.

3장은 자기 자신의 모습을 올바르게 바라보는 방법에 대해 이야기하고 있다. 자이 자이쿠마르 교수님은 진정한 행운이란 무엇이며 왜 당신이 자신의 인생을 즐기고 축하해야 하는지 그 이유를 설명한다. 제프리 레이포트 교수님은 학생 시절의 익살스러운 일화를 통해 혼란과 의심으로 어지러운 순간에 확신을 찾을 수 있게 도와준다. 리처드 테들로 교수님은 직업 세계에서 '진정한 자기 자신이 되는 것'이 어떤 의미인지 생각해보도록 유도하며 두 얼굴의 긍정적 효과를 이야기하고, 토머스 매크로 교수님은 흑백논리가 불러오는 부정적 결과에 대해 설명하면서 자신이 틀렸음을 인정할 때 비로소 얻을 수 있는 것들에 대해 상세히 알려준다.

4장에서 세 교수님은 어떻게 해야 진정으로 가치 있는 삶을 살아갈 수 있는지 설명하며 그 의미를 파헤친다. 헨리 레일링 교수님은 자동차 경주에 비유해서 진정한 성공을 위해 꼭 필요한 요소들을 설명하고, 니틴 노리아 교수님은 경영인이 본인들의 소중한 유산을 보존할 수 있는 유일한 방법에 대해 말해준다. 마지막으로 킴 클라크 교수님은 "당신이 누구인지 기억하라"라고 격려함으로써 우리가 앞으로 더 나아갈 수 있도록 자극한다.

각각의 글을 읽을 때마다 당신은 매우 뚜렷한 메시지를 듣게 될 것이다. 교수님들은 저마다 다른 배경에서 개성 넘치는 스타일로 이야기를 들려준다. 이 중 어떤 것은 현재 당신이 처한 상황이나 과거의 경험을 다루고 있어서 귀가 솔깃할 것이고, 반면에 평소 가진 생각이나 신념과는 사뭇 다른 이야기도

있을 것이며, 별로 어렵게 생각하지 않거나 관심을 가진 적이
없는 삶의 기술에 대해 자세하게 말하는 것도 있을지 모른다.
그러나 이 책의 모든 내용을 귀담아들어 주길 바란다. 나보다
먼저 앞서간 이들의 조언은 어떤 책에서도 잘 알려주지 않으
며 쉽게 들을 수 있는 것이 아니다.

열다섯 가지의 색다른 목소리에 귀 기울이는 순간, 당신은
진정한 자기 자신이 되는 것이 어떤 의미인지 깨닫게 될 것이
다. 교수님들의 목소리가 나의 열정을 고취시켰듯이 당신 또
한 그렇게 되기를 진심으로 바란다.

데이지 웨이드먼Daisy Wademan

Remember
who
you are

차례

1장

어떤 사람이
원하는 것을 얻는가

데이비드 E. 벨

두 개의 경영자 교육 프로그램을 맡고 있는 마케팅학과의 학과장. 특유의 풍자적인 유머를 사용하여 강의하는 것으로 유명하며, 비즈니스 세계에서 위기를 회피하지 않고 당당히 받아들임으로써 올바른 선택을 찾는 방법에 관심이 많다.

위험이 있는 곳에
기회가 있다

지금으로부터 몇 년 후, 당신은 모교에서 보낸 편지 한 통을 받게 될 것이다. 그것은 5주년 동창회에 참석하라는 반가운 내용으로, 주말로 계획된 디너 파티를 소개하는 글과 지난번 동창회에 참가하여 모교 로고가 새겨진 옷을 입고 열광적으로 웃는 사람들의 사진도 함께 담겨 있을 것이다.

갈지 말지 고민되는가? 그렇다면 가지 마라. 내가 당신에게 딱 한 가지의 충고만 할 수 있다면, 그것은 바로 동창회에 가지 말라는 것이다. 어떤 핑계를 만들어서라도 동창회에 가지 말고 다른 일을 하거나 차라리 쉬어라.

동창회는 위험천만한 행사이다. 졸업 이후 지금까지 짧은 시간 동안 당신이 성취한 것들을 평가하는 자리이고, 평가 기준 또한 절대적이기보다는 상대적이어서 당신이 세운 목표나 성공을 기준으로 삼지 않고 다른 동창들과 비교하여 성취와 소득에 등급을 매길 것이다.

모교 행사장에 도착하기도 전에 당신은 캠퍼스 주차장에 차를 대면서 이미 곁눈질로 다른 차들이 국산인지 외제인지, 모델명은 무엇인지 등을 살펴보게 될 것이다. 그리고 다른 동창들이 졸업 후에 얼마나 잘나가고 있는지도 가늠해보게 될 것이다.

이후 본격적으로 친목을 다지는 식사나 파티 자리에서는 와인이 든 잔을 한 손에 들고 어색하게 서서 같은 반의 누가 부사장이 됐다거나 누구는 억만장자가 됐다는 말을 들으며 현재 내 위치는 어디쯤인지 몰래 계산도 해볼 것이다. 그렇게 행사가 계속되는 동안 불안감은 점점 커질 것이고, 결국 자신의 직업적 성공과 금전적 성취에 대한 비생산적인 걱정을 할 것이 뻔하다.

그런데 더욱 끔찍한 사실은, 5년 뒤에 있을 동창회에 참석해야겠다는 생각만으로도 '오늘' 당신이 내릴 결정이 달라질 것이라는 점이다. 아직 학생이라고 하더라도 이미 당신은 훗날 두 대의 번쩍거리는 BMW 승용차 사이에 자신의 닳아빠진

구형 자동차를 주차시키면서 느끼게 될 부러움이나, 우러러보는 직장에서 일하고 있는 동창들에게 당신이 시작한 사업이 제대로 잘 안됐다고 털어놓으며 겪을 후회와 실망을 미리 예상할 것이다.

결국 당신은 의식적이든 아니든, 자신의 인생을 동창회에 맞추게 된다. 예를 들어 직장을 선택할 때에도 짧은 시간에 자신의 이력을 돋보이게 해줄 수 있는 일을 고른다거나 빠른 시간에 떼돈을 벌 수 있는 일을 선택할 것이다. 그리고 자신이 아무리 좋아하는 일이라고 해도 빠른 성공을 보장해주지 않는다면 뒤로 미루고, 그 대신 '멋진 차를 살 수 있지만 사실은 하고 싶지 않은 일'을 선택할 것이다. 또한 진정으로 자신에게 중요한 직업적 목표를 잃어버리고, 그에 필요한 모험을 하는 것이나 모든 중요한 결정을 하는 것에 대해서 지나치게 몸을 사리게 될 것이다.

나는 교수로 재직하면서 학생들에게 이와 같은 일이 벌어지는 것을 수없이 보아왔다. 다른 동창들은 승승장구하는데 자기만 이렇다 할 성과 없이 지지부진하게 헤맬지도 모른다는 두려움에 시달린 나머지 졸업생들은 처음부터 많은 월급을 주는, 가장 안전해 보이는 직장을 선택한다. 그러면 동창회

행사에 최소한 폼 나게 나타날 수 있기 때문이다. 그래서 방송 분야에서 창의적인 일을 하고 싶어 하던 학생은 투자은행으로 가고, 창업의 자율성과 가슴 뛰는 흥분을 꿈꾸던 학생은 재미없고 지겨운 대기업에 입사한다. 번듯한 사무실과 빵빵한 보너스, 높은 직위 등 5년 후 다른 동창들이 도달해 있을 지점을 생각하면서 위험한 사업은 피하고, 아무리 좋아하는 일이라도 행여 아무런 소득도 얻지 못한 채 빈털터리가 되는 것은 아닌가 하는 걱정에 새로운 길로 선뜻 나서지 못하는 학생이 많다.

그렇다면 그 결과는 어떠한가? 지식과 재능이 넘치는 우수한 학생들이 남 보기에는 그럴듯하고 수입도 넉넉하지만 정작 본인에게 맞지도 않고, 진짜로 원하는 자리에 도달하는 데에 전혀 도움이 되지 않는 직장에서 시간만 허비하게 된다.

물론 위험을 싫어하는 것이 비단 동창회에 참석하는 졸업생들만의 일은 아닐 것이다. 누구나 어느 정도는 위험을 꺼린다. 우리 모두가 중요한 직업적 선택이나 변화를 앞두고 망설이게 된다. 이는 결혼이나 이사 등 인생에서 다른 중요한 결정을 내릴 때도 마찬가지이다.

이렇게 망설이는 이유는 대부분 비슷하다. 즉, 새로운 일에 착수할 만큼 자신이 전문가가 아니라고 생각하거나, 해본 적 없는 일을 시도할 만큼 자신감이 없거나, 실패했을 때 다시 일어설 수 있는 충분한 돈이 없기 때문이다.

실제로 실패를 경험해본 어떤 사람들은 성공을 이루는 것이 참으로 어려운 일이라고 생각한다. 또한 미지의 것에 대한 두려움이 아주 심한 사람, 혹은 모험을 했을 때 얻을 수 있는 엄청난 이득(돈, 성취감, 그 외의 다른 수익들)에 대해 전혀 흥미를 느껴본 적이 없는 사람도 있을 것이다. 당신이 이 요소들 중 한 가지만 해당되어도 위험 회피 증상을 보일 것이며, 이는 동창회 참석이라는 계획과 맞물려 증세가 더욱 심각해진다.

그러나 다행스럽게도 이 증세는 얼마든지 치료할 수 있다. 기존의 생각을 바꿈으로써 위험을 감수하는 힘을 키울 수 있기 때문이다. 그 첫 번째 단계로, 먼저 동창회 초대장을 치워버리겠다는 굳은 결의를 해야 한다. 그것이 아무리 마음을 설레게 만들지언정 곧장 휴지통 속에 넣고 참석하겠다는 생각을 버려라. 10주년 동창회 역시 건너뛰는 것이 좋다. 그렇다면 15주년 동창회는? 두말하면 잔소리이다.

그렇다면 어떻게 해야 지나친 걱정 없이 직업상의 모험을 감행할 수 있을까? 나는 내가 직접 겪었던 경험들과 특히 내

가 내렸던 한 결정에 대해 곰곰이 생각해봄으로써 답을 찾을
수 있었다. 지금의 내가 이렇게 교수라는 안락한 지위에 안주
한 것처럼 보이고, 말로만 위험을 감수하라며 설교하는 듯이
느껴질 수도 있겠지만 나 역시 아무런 위험 없이 마냥 쉽게 이
자리에 서게 된 것은 아니다.

나는 25년 전 영국의 옥스퍼드에서 대학을 졸업한 직후, 대
학원 과정을 밟기 위해 유학을 떠나기로 결심했다. 북아메리
카 지도를 펼쳐 보스턴, 뉴욕, 토론토, 필라델피아 같은 익히
들어온 도시들을 자세히 살펴본 뒤에, 그곳에 있는 대학들의
명단을 뽑고 관련 자료를 요청했다. 그때만 해도 주머니 사정
이 넉넉지 않았던지라 외국인 지원자들에게 입학전형료를 면
제해주는 한 학교에 유일하게 지원했고 그곳으로부터 입학
허가를 받았다.

당시에 그런 식으로 대학원에 입학했던 것은 참으로 위험
천만한 일이었다. 무일푼이었던 나는 단지 전형료 25달러를
받지 않는다는 이유만으로 낯선 외국 학교에 입학하려고 했
던 것이다. 그렇지만 지금 와서 그때를 되돌아보면 나의 모험
은 보상을 받은 셈이다. 그와 같은 선택을 하지 않았다면 이렇

게 보스턴에서 살지 못했을 것이고 하버드대학의 교수가 되지도 못했을 것이다.

비록 당시에는 의식 없이 저지른 일이기는 했지만 돌이켜보니 나에게는 세 가지 철칙이 있었고 그 덕분에 앞으로 나아갈 수 있었다. 정통적인 방법은 아니지만 나름대로 효과적이고 현실적인 전술이었다.

첫 번째, 내가 직업을 통해 어떠한 형태의 보상을 바라는지에 대해서 솔직했다. 일을 하는 데 따르는 보상으로 내가 원했던 것은 명성과 유연성이었으며 이 두 가지를 충족시키는 직업을 선택했다. 학자로 살면 엄청난 부자가 되지 못하리라는 사실은 알고 있었지만 (학자보다 돈을 많이 버는 직업은 세상에 널렸다) 대신 내가 중요하게 고려하는 다른 방식으로 보상을 받으면 된다고 생각했다. 나중에 디너 파티에서 내가 교수라고 밝히면 사람들은 놀랐다는 듯이 나를 선망의 눈길로 바라볼 것이며, 강의나 연구를 할 때를 빼고는 거의 완벽하게 내 시간을 재량껏 사용할 수 있을 것이었다. 교수가 되기 위해 박사 학위를 받으려면 대학원에 진학하는 것이 위험한 선택이 아닌 가장 안전하고 확실한 방법으로 여겨졌으며, 내가 원하는 목표를 달성하고 만족스러운 직업을 가질 수 있는 유일한 길로 생각되었다.

두 번째, 나의 선택이 어떤 결과를 가져오든지 그것을 폭넓게 수용하겠다는 각오가 되어 있었다. 미국에 있는 대학원에 지원하면서 나는 다른 어느 도시에서라도 살 준비가 되어 있었다. 따라서 마음속으로 특정한 학교를 정해놓지 않았고 최종적으로 어느 학교의 교수가 되든 간에 이를 겸허히 받아들이겠다고 다짐했다.

그리고 내가 생각하는 성공의 범주는 제법 넓었다. 내가 관심을 가진 주제에 대해 비교적 안락한 환경에서 연구하는 것이 곧 삶의 목표였다. 세부적인 문제들에 대해서는 노심초사하지 않았다. 그렇기 때문에 내 계획은 위험한 모험처럼 느껴지지 않았다. 반대로 야망이 구체적이면 구체적일수록 더더욱 위험한 모험을 겪게 되고, 목표가 좁고 편협할수록 함정의 수도 늘어난다. 만약 당시 내가 미국으로 유학을 떠나서 달성하려는 목표가 오직 하버드대학 총장이 되는 것이었다면 나의 시도는 극도로 희박한 성공 가능성을 가진 위험한 일이 되었을 것이다. 미래에 대한 높은 실패율과 절망의 가능성 때문에 어쩌면 처음부터 힘들었을지도 모른다.

사람들이 자신의 진로를 극도로 위험하며 불안하다고 판

단하는 이유의 99퍼센트는 그들의 목표 설정이 충분히 유연하지 못하기 때문이다. 예를 들어 내가 가르치는 학생들의 상당수는 사업가가 되는 것을 주저하는데 일단 자신이 빌 게이츠처럼 되지 못할 것이라고 생각하기 때문이다. 그들은 성공의 개념을 오직 시장을 지배하고 억만금을 벌어들이는 것으로만 규정해버리고, 모든 다른 종류의 사업은 현실적으로 성공 가능성이 없고 너무 위험해서 시작도 할 수 없다고 생각한다.

끝으로 세 번째, 생소한 분야에 발을 내딛기 위해서는 장기적인 안목을 갖고 있어야 한다. 나는 내가 원하는 것을 성취하기 위해 나아가는 수십 년간의 시간을 전체적인 맥락에서 생각해보니 대학원 공부를 '어느 곳에서' 할 것인지에 대한 선택은 상대적으로 작고 사소하게 여겨졌다.

학자로서의 직업을 가진다는 것, 특히 존경받고 저명한 교수가 되는 것은 하루아침에 이루어지는 일이 아니다. 박사 학위를 이수하고 정교수 자리에 오르는 데에만 최소한 15년 정도의 시간이 걸린다. 이처럼 성공을 향한 아득히 먼 수평선은 다른 직장인들의 경우에도 마찬가지로 적용된다. 어느 회사에서든 갑자기 CEO가 될 수는 없다. 회사를 차려서 성공은 고사하고 시장의 호응을 얻기 위해서는 기나긴 좌절의 시간을 보내야 하는 수밖에 없다.

위험을 회피하는 사람들, 동창회에 가려는 사람들은 가까운 미래를 걱정하고 단기적인 결과에 대해서만 염려한다. 그러나 자신의 진로를 폭넓게 바라봄으로써 가장 위태롭다고 생각되는 결정조차 전체적인 흐름 속에서는 아주 작고 미미하다는 사실을 깨닫는다면 당신은 보다 제대로 된 삶을 살 수 있을 것이다.

물론 이 방법들이 더욱 편안하게 위험을 감수하도록 도와주는 완전한 해결책은 아니며 이외에도 더 좋은 방법이 얼마든지 있다. 예를 들어 도전을 즐기는 사람들과 어울림으로써 그들의 태도를 배운다거나 혹은 소액으로 복권을 구입하는 것에 비유할 만한 작은 모험들을 여러 번 연습해보는 방법도 있다(큰 도박에서 성과를 내지 못할 때는 작은 당첨금도 위로가 될 수 있으므로). 그러나 나의 견해와 경험으로 미루어보면 앞서 말한 세 가지가 가장 확실하고 믿을 만한 방법이라고 생각한다.

직업을 결정할 때에는 당신이 그 일을 통해서 얻고자 하는 보상이 무엇인지 생각해보고 성공의 의미를 폭넓게 정의하여 장기적인 안목을 가져야 한다. 이 방법들을 실천할 때 무엇보다 중요한 것은 자신의 진로에 대해 정확한 시각을 유지하는 일이다. 자신을 비참하게 만드는 상황이 벌어질 때까지 위험을 무릅쓰고 완고하게 계속 밀어붙이기만 해서는 안 된다. 어떤 목표를 세울 때에는 시간 제한을 두는 것도 중요하다.

발명가가 되든 기업가가 되든 혹은 서커스 단원이 되든 간에 당신이 원하는 것이라면 무엇이든 되어도 좋지만 팔리지도 않는 물건을 들고 영업에 나서거나, 발전 가능성이 전혀 없는 회사에 마냥 붙어 있거나, 아무도 보러 오지 않는 연극을 공연하느라 소중한 시간을 낭비하지 마라. 선거 때마다 반복해서 출마하지만 자신이 당선될 가능성이 없다는 사실을 전혀 모른 채, 감탄스럽게도 대담한 목표를 향해 돌진하나 그러는 동안 소중한 시간을 다 잃고 마는 정치인을 한번 떠올려보라.

그렇다면 어떻게 해야 할까? 모험을 하기로 결심했다면 결실을 맺을 때까지 대략 몇 년이 걸릴지 기한을 정한 다음, 그 시간이 지나면 깨끗이 포기해라. 만약 어느 정도 나이가 들었고 당신이 꿈꾸던 요직에 오르기 위해 몇 번의 모험을 감행했는데 아직도 이루지 못했다면 은퇴할 시기가 온 것이다. 그동안 꿈꾸었던 자리에 대해서는 다 잊어버려라. 그냥 운동이나 하러 가라. 그리고 절대로 아쉬워하지 마라. 당신 앞에는 아주 많은 기회가 남아 있으므로.

이때쯤이면 당신은 반가운 편지 한 통을 받게 될 것이다. 바로 25주년 동창회에 참석하라는 편지이다. 글쎄, 이번에는 참석해도 좋지 않을까?

Remember
who
you are

스티븐 P. 코프먼

테크놀로지와 경영 관리를 가르치는 경영학과 부교수. 하버드 MBA 과정을 졸업했으며 자신이 학교로 다시 돌아온 이유는 차세대 리더를 양성함으로써 하버드로부터 받은 것을 환원하기 위해서라고 한다. 강의실 밖에서도 학생들에게 삶의 지혜를 들려주고 자유로운 대화를 나누며 사명을 다하고 있다.

말의 무게는 '직위'에 비례한다

거울을 들여다보라. 말 그대로 거울 앞에 서서 그 안에 비친 자신의 눈을 똑바로 보라. 지금 거울 속에서 당신을 응시하고 있는 인물은 당신이 1년이나 10년 후, 혹은 30년이 지나서 조직의 최고위직에 올랐을 때 보게 될 바로 그 사람이다.

물론 당신은 그동안 나이도 들 것이며 여러 방면으로 발전을 거듭할 것이다. 약간의 하얀 머리카락과 풍부한 경험, 보다 폭넓은 노련함 등도 생겨날 것이다. 그 사이에 관심사는 다른 분야로 이동할 수도 있고 지금 가장 중요하다고 여기는 것들에 대해 시들해질지도 모르겠다. 그렇지만 임원이 되거나 CEO가 된다고 해서 사람이 갑자기 바뀌는 것은 아니다. 높은 지위 자체는 한 인간을 완전히 바꾸지 못한다.

오히려 진짜로 변하는 것은 환경이다. 중역의 자리에 오르는 순간 당신은 이전과 사뭇 다른 대접을 받을 것이다. 기업에서 임원의 자리에 올랐을 때 실패하지 않는 비결 중 하나는 그와 같은 차별된 대접을 인식하고 그것이 자신에게 어떤 영향을 미치는지 깨닫는 것이다. 머릿속으로만 인식하는 데서 그쳐서는 안 되며 실제로 활용하는 것이 중요하다. 내가 이런 교훈을 얻게 된 계기는 처음으로 어느 제조업체의 영업이사라는 중책을 맡으면서 겪은 한 사건 때문이었다.

당시 나는 인생 최초로 책임자의 자리에 올랐다. 이사가 된 후 처음 며칠 동안은 사무실에 쭈그리고 앉아서 내가 맡은 부서가 어떤 식으로 운영되고 있는지 파악하는 데 몰두했다. 손익계산서와 직원들의 명부를 검토했으며 그해의 영업 목표를 파악했다. 그런데 영업 조직을 검토하던 중 이상한 점을 발견했다.

세인트루이스의 영업소에 다섯 명의 영업부 직원이 소속되어 있었는데, 그곳에서 얼마 떨어지지 않은 캔자스시티에도 또 다른 영업소가 있었고 세 명의 직원이 근무 중이었던 것이다. 나는 어째서 한 지역권에 영업소가 두 개나 있어야 하는지 알 수 없었지만 그럴 만한 이유가 있을 것이라고만 짐작했다. 아마도 그곳에 우리 회사의 제품을 쓰는 거래처들이 밀집해 있다거나 아주 중요한 고객이 있어서 이를 담당할 별도의 조직이 필요했을지도 모르는 일이니까. 추측만 할 뿐 정확한 이유를 알 수 없었기에 나는 이에 대해 영업부 차장에게 물어보았다.

2주 후, 나는 그가 게시판에 붙여놓은 메모를 보게 되었다. 거기에는 캔자스시티 영업소를 폐쇄했으며, 세 명의 직원 중 두 명은 해고하고 한 명은 세인트루이스로 발령을 냈다는 내용이 적혀 있었다. 깜짝 놀랐다. 나는 그냥 물어보았을 뿐인데…… 바로 메모지를 떼어낸 다음 비서에게 달려갔다.

"잰, 도대체 어떻게 된 일입니까? 무슨 이유로 캔자스시티 영업소를 폐쇄한 거죠?"

내가 어리둥절해서 묻자 비서가 대답했다.

"차장님이 이사님께서 그렇게 지시하셨다고 말했어요. 이사님께서 하신 질문을 영업소를 폐쇄하라는 뜻으로 이해한 모양이네요."

잰은 매우 똑똑하고 경험이 많은 전문 비서로, 지난 25년간 함께 일했던 이사만 해도 다섯 명이나 되는 노련한 사람이었다. 그 말을 듣고 나는 내가 무언가를 잘못했다는 생각이 들었다. 잰은 나보다 한발 앞서 사태를 파악하고 있었다. 나는 다시 질문을 했다.

"만약 내가 오늘 점심 약속이 있어서 조금 오래 자리를 비우게 되었는데 나가면서 '사무실 벽이 초록색이면 어떨까?'라고 묻는다면 어떤 일이 벌어질 것 같나요?"

그녀가 웃으며 대답했다.

"두 시간 후 사무실로 돌아오셨을 때 아마도 벽은 초록색으로 바뀌어 있을 것이고, 페인트공들은 바닥에 깔아놓은 천들을 줍고 있겠죠."

비서의 답변을 듣는 순간 나는 내가 완전히 새로운 게임을 하고 있다는 사실을 깨달았다. 그것은 내가 알던 이전의 규칙에 의해 움직이는 게임이 아니었다. 나는 과거에 했던 일들과 비즈니스 교육을 통해 이사로서 갖추어야 할 기술들을 대부분 터득하고 있었다. 예를 들어 제품을 거래하는 방법이라든가, 손익 계산서를 읽는 법, 혹은 공급 체인의 문제를 해결하는 법 같은 것들이었다. 그런데 생각해보니 정작 이사라는 '직위' 자체를 어떻게 받아들여야 하는지에 대해서는 여태껏 아무것도 배운 바가 없었다.

나는 여전히 3주 전의 스티븐 코프먼이며, 그때나 지금이나 똑같은 능력과 똑같은 약점 그리고 똑같은 유머 감각을 지닌 바로 그 사람이었다. 그런 내가 이제 책임자의 자리에 있기 때문에 함께 일하는 사람들이 나를 예전과 다르게 대할 것이라는 사실은 그 누구도 가르쳐주지 않았다. 멋진 직함과 전망 좋고 넓은 사무실을 갖게 되었기 때문에 내가 하는 '질문'이 그들에게 '지시'가 될 것이라고는 아무도 말해주지 않았던 것이다.

평직원에서 임원이 된다는 것은 단순히 직위의 변화만을 의미하지 않는다. 그 안에는 매일매일의 일상에서 받는 대접의 변화가 포함되어 있다. 평직원일 때에는 위계질서에 따라 시키는 대로 일하고, 기내식 같은 맛없는 음식도 참고 먹으며, 상사를 기쁘게 하기 위해 부단히 노력한다. 그러나 당신이 책임자가 된다면, 특히 이사나 사장이 된다면 이전과 완전히 다른 일이 벌어진다.

기업 사회는 임원을 중심으로 조직화된다. 비서와 회사 차, 비행기 일등석 같은 대단한 특권들이 임원에게 주어진다. 더이상 잡다한 업무들과 씨름할 필요가 없다. 고장난 컴퓨터를 고치는 일 따위는 하지 않아도 된다. 주변에 임원의 하루 일과를 순조롭게 진행시키기 위해 대기하고 있는 사람들이 많기 때문이다.

이와 같은 물질적인 변화 외에 인간적인 변화도 있다. 함께 일하는 사람들이 나를 다르게 인식하고 대접한다. 직원들은 내가 하는 질문을 지시로 해석하고, 그 말을 반박하거나 의심하는 대신 거의 대부분 "네, 좋은 생각입니다"라고 대답한다. 그리고 나의 반응을 두려워하며 나쁜 소식이 내 귀에 들리지 않도록 감추느라 전전긍긍할 것이다. 친구 중 한 명은 나중에 내가 CEO가 되었을 때 다음과 같은 말로 그 변화를 완벽하게 요약했다.

"스티븐, 자네는 이제 다시는 구경하지 못할 것이 두 가지 생겼네. 싸구려 식사와 진실 말일세."

고급 식당의 맛있는 음식과 듣기 좋은 말이 어찌 달갑지 않겠는가. 그렇지만 이것들이 관리자의 역할에 부정적인 영향을 끼친다는 사실을 간과해서는 안 된다. 이는 사내에서 실제로 일어나고 있는 일을 은폐하게 만들고, 윗사람의 지위가 미치는 영향을 미미하게 낮추며, 결국 관리자로서의 효율을 떨어뜨린다.

별 다섯 개짜리 레스토랑에서 식사를 하다보면 인생이란 원래 이런 것이려니 하는 느긋한 마음이 들고, 자만심이 커지기 시작하며, 그런 극진한 대접을 받는 것이 자신이 하는 일 때문이 아니라 마치 '자기 자신' 때문이라고 착각하기 쉽다. 주위 사람들이 모두 굽실거리면서 듣기 좋은 말만 늘어놓을 때 관리자는 회사가 처한 문제들을 보지 못한다. 관리자는 하급 직원들의 생활이 어떤지에 대해서 잊어버리고, 날마다 회사가 처한 문제들과 맞서며 현장에서 회사를 끌어가고 있는 직원들로부터 멀어진다. 또한 CEO라는 작고 안전한 고치에 싸여 자신의 지위가 회사에 어떤 영향을 주어야 하는지도 인식하지 못한 채 비판적 사고나 객관적 판단 없이 직원이 하는 말을 그대로 믿기에 이른다. 이런 상태가 되면 회사는 사무실의 벽을 초록색으로 바꾸는 것과는 비교도 되지 않는 크나큰 문제를 떠안게 된다.

다시 생각해보면 내가 일찍이 캔자스시티 사건을 겪었던 것은 참으로 다행스러운 일이었다. 그 덕분에 나에게 주어진 특혜를 당연하게 여기면서 극빈 대접만을 즐기는 상사로 전락하기 전에 승진과 직위의 의미에 대해 깊이 고심할 수 있었다. 그때의 경험은 새로운 직책이 나 자신과 내가 앞으로 관리하게 될 사람들 그리고 궁극적으로 비즈니스 자체에 어떤 영향을 미치는지 증명해준 것이다.

결국 나는 더 이상의 의도하지 않은 사무실 폐쇄를 막기 위해, 또 그보다 더한 실수를 범하지 않기 위해 내 사무실 밖으로 나가서 (문자 그대로의 의미와 상징적 의미를 모두 포함한) 현실을 파악하고, 직원들에게 친근한 사람이 되는 계획을 세워야 한다는 사실을 깨달았다. 하루라도 빨리 서둘러야만 했다.

우선 개인적인 측면에서 내가 지금은 비록 높은 자리에 올랐지만 얼마 전까지만 해도 피라미드의 아래쪽에 있던 사람이라는 것을 기억할 필요가 있었다. 지금의 내가 과거의 나와 다른 사람이 아니라는 사실을 깨닫는 것이 가장 중요했다. 예전에 높은 직위에 있는 사람들의 발표나 연설 등을 보고 남긴 메모나 자료들을 참고하면서 당시 직원으로서 내가 했던 생각들을 떠올리는 것도 도움이 될 것이 분명했다. 높은 자리에 올랐다고 해서 내가 내리는 결정이 무조건 옳을 리가 있겠는가? 자신의 헛소리를 곧이 곧대로 믿으면 안 되며, 이를테면 캔자스시티의 직원들이나 영업부 차장 같은 일반 직원들을 더 많이 곁에 두어야 한다.

회사의 측면에서는 지위 체계를 떠나 자유롭게 의견을 교환할 수 있는 분위기를 조성해야만 했다. 그래야 직원들이 명령과 복종의 관계에서 벗어나 다른 의견을 말하고 회사의 문제들을 밖으로 꺼내어 해결할 수 있다. 조직은 임원인 나와 실제로 일을 꾸려나가는 직원들 서로가 자유롭게 다가갈 수 있도록 운영되어야 한다.

이후 몇 달 동안, 나는 바로 그런 것들을 만들어내기 위한 전략 개발에 돌입했다. 시간이 흘러 이사에서 CEO로 승진한 뒤에도 이러한 방법들을 갈고닦았다.

내가 확고한 태도를 유지하고 회사로부터 받는 융숭한 대접에 흔들리지 않기 위해 사용했던 기막힌 방법이 한 가지 있다. 그것은 바로 '가족의 말'을 잘 듣는 것이다. 사실 가정생활이 일반적인 비즈니스 기술을 연마하기에 자연스러운 환경은 아니다. 그러나 이 특별한 경우를 고려한다면 딱 맞는 장소라 할 수 있다. 가족과 함께 시간을 보내게 되면 그 어느 때보다 빨리 현실로 돌아오게 된다.

그 점에 있어서 나는 운이 좋았다. 내가 회사에서는 모든 것을 지시하는 상사일지라도 아내는 나를 집에서는 화요일이면 쓰레기를 치우고, 토요일이면 세탁한 옷들을 찾아오는 허드렛일을 하는 사람에 불과하다는 사실을 항상 상기시켜주었다. 쓰레기통을 비우거나, 세탁소를 방문하고, 주말마다 눈을 치우면서 자신을 대단한 사람이라고 착각하기에는 아무래도 무리가 있다.

아이들 역시 이런 점에서 좋은 역할을 해주었다. 10대에서 20대 초반의 자녀들은 부모를 답답하고 귀찮은 존재 정도로 생각하기 마련이다. 보통 이런 연령대의 자녀를 두었다면 부모인 당신은 아마도 직장에서 본격적인 궤도에 오르고 있을 것이다. 당신이 상급직에 도달했을 때, 어이없어하는 표정과 긴 한숨 혹은 빈정대는 말투로 당신의 자존심을 꺾어놓는 사춘기 자녀 한 명쯤 곁에 두는 것은 큰 도움이 된다. 이처럼 가족 또는 절친한 친구들과 함께 시간을 보내는 것은 당신이 CEO병에 걸리지 않게 예방하는 효과적인 방법 중 하나이다.

이런 식으로 자신을 무장했다면 이제 직업적인 측면에서 필요한 토대를 만들어야 한다.

첫 번째, 당신에게 동의하지 않는 몇몇 동료의 역할이 매우 중요하다. 진정한 성공을 거두기 위해서는 당신을 힘들게 하고 반대 의견을 내는 사람들을 주변에 가까이 두어야 한다. 지적 정직함과 정서적 용기를 지닌 사람들을 기용해서 그들이 중요한 소수의 역할을 하도록 격려해야 한다.

예를 들어 사람들이 당신에게 반대하거나 불편한 문제들을 제기할 때, 다른 직원들이 보는 앞에서 그들의 의견에 감사하고 진지하게 고려하는 모습을 보여주어야 한다. 언짢은 표정을 짓거나 퉁명스러운 말로 반박해서는 안 된다. 당신에게 항의하는 그들이 반대 의견을 불쾌하지 않게 말할 수 있다면 더할 나위 없이 좋겠지만, 어쨌거나 중요한 것은 그들이 당신의 의견에 반대할 수 있어야 한다는 사실이다.

두 번째, 당신은 최전방의 직원들과 접촉해야 한다. 대부분이 '발로 뛰는 경영'이나 직원들과 동고동락하는 경영인에 관심이 많지만 정작 그것을 실행하는 방법에 대해서는 별로 아는 게 없다. 사무실을 어슬렁거리면서 한두 마디 말을 붙이는 식으로 모든 직원과 접촉할 수는 없는 노릇이거니와 자칫 어설프게 그런 방법을 썼다가는 오히려 역효과를 가져올 수도 있다.

실제로 우리 회사의 어떤 중역은 고개를 숙인 채 무엇인가에 집중하는 듯이 찡그린 얼굴로 회사 안을 돌아다니다가 직원들 옆을 지날 때조차 인사하는 것을 잊고 그대로 지나치기 일쑤였다. 결국 그런 행동은 그에게 가까이하기 어려운 상사라는 평판을 가져왔고 중간 관리자들만 불안하게 만들었다. 상사가 찡그린 얼굴로 복도를 걸어오는 순간, 아마도 직원들은 예산을 삭감하려는 것은 아닌지 또는 해고를 당할 날이 얼마 남지 않은 것은 아닌가 하고 불안에 떨었을지도 모른다.

나는 이처럼 엉뚱한 결과를 초래하고 싶은 마음이 없었다. 내가 원하는 바는 직원들이 직위 때문에 나라는 사람을 어려워하는 것이 아니라 자유롭게 말을 붙이는 것이었다.

그래서 나는 직원들을 만났을 때 좀 더 다정해 보이고 보다 자연스러운 환경에서 그들과 함께 할 수 있는 일들을 생각해 냈다. 그들이 나를 덜 어려워하도록 재킷을 벗고 셔츠의 소매를 걷어 올렸으며 의도적으로 약간 헝클어진 모습을 연출하기도 했다. 그리고 직원들이 나를 찾아올 때까지 기다리기보다는 내가 먼저 그들을 찾아갔다.

나는 가능한 한 자주 구내식당에서 점심을 먹었으나 임원들과 함께 식사를 하는 것은 피했다. 일부러 전혀 알지 못하는 직원들의 테이블로 식판을 들고 갔다. 직원들은 상사가 식사를 하는 도중에 먼저 일어서지는 않을 것이므로 (내 식사가 끝나기를 기다리느라 남은 파이 한 조각을 40분 동안 꾸물대면서 먹었던 사람들이 생각난다) 나는 방금 식사를 시작한 팀을 찾아내곤 했다. 물론 내가 테이블에 가서 앉는 순간 직원들은 긴장했다. 어색함을 깨기 위해 기꺼이 나 자신을 희생물로 바쳐 우스갯소리를 했다. 예를 들어 "내가 쓴 메모 봤나? 읽을 수 있겠던가? 아, 글씨 좀 잘 썼으면 소원이 없겠어. 초등학교 3학년 때 담임 선생님이 보셨더라면 기절초풍하셨을 거야!"라고 말이다. 약간의 자기 비하를 곁들인 농담은 별것 아닌 듯해도 효과가 만점이다.

그런 다음에는 직원들의 근황을 자연스럽게 물었다. 자녀라든가 퇴근 후에 하는 취미생활 등에 대해서. 이런 질문들이 진실하게 느껴지려면 구체적이어야 한다. "태어날 아기는 첫 아이인가? 자네는 딸과 아들 중 어느 쪽이기를 바라나?" 때론 이런 시시콜콜한 것까지 묻는 목적은 나는 직원 개개인에게 관심이 있음을 표현하고 임원인 나를 편안하게 보여주어 사람들이 마음을 열게 하기 위해서였다.

이런저런 가벼운 이야기를 나눈 후에는 그들의 일에 대해 조심스럽게 질문했다. 내가 쓴 메모를 보았는지, 나의 의도가 모든 직원에게 잘 전달되었는지 그리고 부서마다 비용을 절감할 수 있는 방법이 있는지 등등. 나는 직원들이 회사에서 즐겁게 일하고 있는지 알고 싶었고 조직을 개선하고 강화하는 데에 도움이 될 만한 의견을 듣고 싶었다.

나는 직원들과의 만남을 점심시간으로만 국한시키지 않았고 매일 잠깐씩이라도 내 사무실을 나와 그들과 접촉하려고 노력했다. 업무에만 몰두하다 보면 직원들을 만나는 일을 잊어버릴 수도 있겠다는 생각이 들어, 비서에게 수시로 나를 채

근하라고 부탁까지 해두었고 아예 매일 건물의 끝까지 걸어
갔다 오는 일정까지 만들었다.

나는 내 사무실 안의 문짝에 '스마일'이라고 적은 노란색 포
스트잇을 붙여 놓았다. 늘 웃는 표정을 유지하기 위해서였다.
회사 안을 돌아다닐 때는 직원들의 책상이 놓인 칸막이 근처
로 살짝 다가가서 웃으며 인사를 건네기도 했고, 책상이나 테
이블 위에 놓인 사탕 바구니나 도넛 상자를 발견했을 때는 잠
시 걸음을 멈추고 간식을 함께 먹으며 이야기도 나누었다. 회
의실에서 간단한 생일 파티가 열릴 때도 가서 케이크를 얻어
먹으며 가벼운 대화를 나누었다. 그렇게 하다 보니 나중에는
사무실을 돌아다니는 일을 잊어버리지 않기 위해 애쓸 필요
가 없어졌다. 내가 초콜릿 쿠키를 좋아한다는 소문이 회사 내
에 파다하게 퍼졌고 뭔가 축하할 일이 생길 때마다 직원들은
어김없이 나를 불러주었다. 나의 방법들은 곧 습관이 되었고
스스로 강화되었다.

이러한 기술들을 터득하고 지속적으로 사용한다면 비즈니
스를 수행할 때 분명 결정적이고 강력한 효과를 가져다줄 것
이 분명했다. 바로잡아야 할 문제점들은 조직의 검토를 거칠
것이고 만약 올바른 선택을 하지 못했다고 하더라도 누군가

가 그 점을 지적해줄 것이다. 이에 대한 적절한 사례가 또 하나 있다.

CEO 시절에 나는 회사의 부서들이 다른 부서의 서비스를 이용할 때, 그에 대한 비용을 지불해야 한다는 결정을 내렸다. 관리자들이 공짜라는 이유로 광고 팀에 간단한 프레젠테이션을 세련되게 다듬어줄 것을 끊임없이 부탁하거나 소규모 미팅을 주선해달라고 요청해서는 안 된다고 생각했다. 그런 점에서 나의 결정은 정말로 좋은 생각이었다. 적어도 원칙적으로는 그랬다.

그런데 그로부터 얼마 후, 구내식당에서 중간 관리자 몇 명과 점심을 먹는데 한 직원이 회사의 오디오와 비디오 장비 등을 독점하고 있는 광고 팀이 사내 미팅에 쓸 슬라이드 프로젝터를 다른 부서에 빌려주는 대가로 하루에 300달러씩을 받는다고 이야기했다. 그 결과, 회사의 담당자들이 광고 팀에 있는 장비들을 빌려서 사용하는 것보다 대여료가 더 저렴한 킨코스사의 프로젝터를 빌려온다고 했다. 개별 부서들이 모두 지출을 최대한 자제하고 있는 형국에 나의 결정이 오히려 불필요한 비용을 만들어내는 결과를 낳은 것이다.

이야기를 듣는 순간 혈압이 배로 오르는 듯한 기분이 들었다. 내가 생각하기에 기발했던 아이디어가 이런 어처구니없는 결과를 가져온 것이다. 그렇지만 그동안 직원들과 돈독한 관계를 유지해온 덕분에 한 직원이 나에게 회사 규율의 단점에 대해 편안히 말할 수 있었고, 나는 다시 생각할 수 있는 기회를 얻었다.

끝으로 그녀가 이렇게 물었다.

"이사님이 원한 게 이런 건 아니겠죠?"

어쩌면 내가 앞서 제안한 방법들이 너무 남을 의식하거나 심지어는 잔꾀를 부린다고 생각될지도 모르겠다. 혹은 좀 지나치다고 느껴질 수도 있다. 사실 사내를 돌아다니고, 다정하게 잡담을 나누고, 생일 케이크를 함께 먹는 일들은 모두 효율적인 경영을 하기 위한 계산에서 비롯된 것이 아닌가.

그렇지만 그것은 어차피 우리 모두가 '배우는' 하나의 방법일 뿐이다. 골프를 배우는 것과 마찬가지이다. 처음 스윙을 배울 때 우리는 모든 동작을 하나하나 생각해야 한다. 팔꿈치를 쭉 편 다음 팔을 뒤로 뻗고, 머리는 아래로 두고, 상체를 비틀면서 엉덩이를 회전시킨다. 테니스는 또 어떤가. 발의 위치를 기억하면서 눈은 공을 보고 몸은 낮추어야 한다.

비즈니스도 이와 다르지 않다. 사람들과 관계를 맺고, 현실을 파악하고, 편안하고 말 붙이기 쉬운 사람이 되는 각각의 기술들을 익혀야 하는 것이다. 처음에는 이러한 과정을 기계적으로 반복해야겠지만 차츰 자연스러워질 것이다. 그러면 나중에는 개별적인 단계들을 잊어버린 채 스포츠를 하듯 그 흐름에 몸을 맡길 수 있다. 그리고 이러한 훈련의 과정은 경력 전반에 걸쳐 이루어져야 한다.

이제 막 대학을 졸업했거나 중간 관리자이거나 아니면 벌써 CEO가 되었더라도 상관없다. 지금 서 있는 위치가 어디쯤이든지 간에 당신은 훌륭한 리더가 되는 방법을 스스로 연습하고, 훈련하고, 배울 수 있다. 그리고 직위나 직급을 떠나 언제나 초심을 유지해야 한다는 것을 잊지 마라.

낸시 F. 코엔

기업가 정신과 비즈니스 역사라는 두 과목을 함께 가르치는 교수. 강의실이든 학과 사무실이든 간에 특유의 빠른 말투로 관심 있는 주제에 대해 열정을 다하는 모습을 보여주어 제자들까지 자연스레 열정적으로 변모하게 만든다.

완벽해야 한다는
강박

나처럼 학자였던 아버지는 철학 교수로서 학생들에게 언제나 사려 깊게 그리고 체계적으로 생각하고, 자신과 자신을 둘러싼 세계에 대해서 진지하게 질문을 던지라고 끊임없이 요구하는 위대한 스승이었다.

그는 강의실 안에서든 밖에서든 믿기 어려울 정도로 에너지가 끓어넘쳤다. 나는 세상에서 아버지만큼 능력 있는 사람은 없다고 생각하며 자랐고 그런 생각은 어른이 된 후에도 변함이 없었다. 심지어 그는 교수직에서 은퇴한 후에도 미국 철학협회와 환경운동단체인 시에라클럽, 경영윤리학회 같은 단체들을 거치며 왕성한 활동을 했다. 그리고 이런 단체에서 일하던 순간에도 교수직에 있을 때처럼 원칙 주의자였다. 아버지의 철학적 연구의 초점은 윤리학이었고 그중에서도 경영윤리학에 관심을 기울였다. 그가 학생들에게 가르치고 책으로도 썼던 주제인 정직과 공정, 타인에 대한 존중 등의 덕목을 자신이 어디에 있든지 간에 그 위치에서 요구되는 책임에도 변함없이 적용했다.

그런 아버지가 어느날 갑자기 돌아가셨다. 평소와 다를 바 없던 밤, 식탁에 앉아 《뉴욕 타임스New York Times》를 읽다가 심장에 이상이 온 것이다. 아버지는 혼수상태에 빠졌고 3일 후 숨을 거두었다.

나는 아버지를 무척 사랑했다. 가치관과 실용적인 기술들, 그가 하는 일과 뛰어난 운동 신경까지……. 아버지는 나에게 최고의 역할 모델이었다. 그런 아버지를 잃은 슬픔은 이루 말할 수 없을 정도로 고통스러웠고 그 경험은 나로 하여금 아버지에 대해, 또 아버지의 삶과 죽음에 대해, 더 나아가 나 자신에 대해 생각할 수 있는 계기를 마련해주었다.

그러는 동안 나는 지금껏 한 번도 생각해보지 않았던 문제와 의문에 직면했다. 몸을 가누기조차 힘든 커다란 슬픔이 어떤 것인지 비로소 알게 됨과 동시에 아버지의 죽음은 나에게 몇 가지의 선물을 남겨주었다. 그중 하나가 우리가 가진 모든 것들에 대해 감사해야 한다는 점이다.

대부분의 사람이 흔히 그렇듯이 나는 내게 주어진 소중한 시간을 주로 나에게 부족한 것, 내가 하지 않은 것, 혹은 원하는 미래를 맞이하기 위해 지금 해야만 하는 것을 생각하는 데 바쳤다. 그러나 갑작스럽게 맞이한 사랑하는 이의 죽음은 내가 지금 가진 것을 잘 살펴볼 수 있도록 도와주었다.

아버지의 죽음이 나에게 남긴 선물들 중에는 좀 색다른 것도 있었다. 그것은 바로 아버지가 살아 계셨을 때보다 훨씬 더 '완전한' 방식으로 그를 바라볼 수 있게 되었다는 점이다. 이전에 내가 본 아버지의 모습은 겨우 몇 장의 사진으로 표현할 수 있는 정도였다. 파이베타카파Phi Beta Kappa 클럽(미국 대학에서 성적이 우수한 학생 및 졸업생 모임)에 소속된 혈기 왕성한 학자로서의 사진 한 장, 칠판 앞에서 손짓과 발짓을 섞어가며 강의를 하거나 학생들에게 속사포처럼 질문을 퍼붓는 열정적인 교수로서의 사진 한 장, 좋아하는 의자에 앉아서 정치적인 농담을 나누며 오랫동안 크게 웃는 사진 한 장 그리고 저녁 식탁에서 가족 여행 계획에 대해 불평을 늘어놓는 조금은 다른 모습의 사진 한 장……

아버지가 돌아가시고 난 후, 슬픔에 잠겨 있던 나는 그와 함께했던 다양한 경험을 모두 끄집어내기로 했다. 말하자면 탁자 위에 사진들을 죽 늘어놓듯이 아버지와 나눈 대화와 편지, 좋은 기억이든 나쁜 기억이든 함께한 순간들을 모두 끄집어내서 마음속에 하나하나 펼쳐놓아야 할 필요를 느꼈던 것이다. 그렇게 늘어놓은 사진들 중에서 보다 진실한 아버지의 모습이 눈을 사로잡았다. 그 모습은 현실감이 느껴질만큼 생생했고 그래서 더 오래 기억되었다.

나는 그 속에서 아버지의 힘과 성취를 발견했지만 동시에 약점과 실패도 알 수 있었다. 그의 활기와 직업적 헌신에는 부정적인 회의감과 혹독함이 함께 존재했고, 당당한 모습 뒤에는 약한 면도 있었으며, 또 에너지는 때때로 분노와 뒤섞이기도 했다. 그것은 내가 사랑했고 지금도 사랑하는 아버지의 모습이었다. 그는 지적이지만 결함을 지닌 복합적인 한 인간이었던 것이다. 이 경험은 매우 강력해서 내가 겪어온 아버지와의 갈등마저 초월할 수 있도록 도와주었다.

또 다른 효과도 있었는데, 그것은 내가 아버지를 보았던 것과 똑같은 방식으로 다른 사람들과 나 자신을 보게 되었다는 점이다. 나는 사람들을 볼 때나 나 스스로를 되돌아볼 때 가능한 한 여러 각도에서 살피고자 했고, 성취와 성공 같은 긍정적인 자질들뿐 아니라 불완전함과 취약성 같은 인생의 불필요한 '군더더기'로 여겨지는 부분과 이 둘 사이에 있는 모든 것들을 동시에 보려고 애썼다.

이 과정에서 나는 오늘날 성공이라고 불리는 것들의 실체가 눈에 보이는 부분으로 한정된다는 사실을 깨달았다. 우리는 금전적 보상, 권력, 명성, 아름다움 또는 이 모든 것들의 조합과 같은 '특정한 성취'의 관점에서만 성공을 바라본다. 성공한 사람들의 삶에서 군더더기는 보려고 하지 않고 성취와 실패 사이에 자리한 그늘도 보려고 하지 않는다. 부는 아무리 추구해도 지나치지 않다고 했던가? 아마 그와 비슷한 속담이 있을 것이다. 그래서 우리가 늘 성공을 바라는 것일까?

아버지가 돌아가신 후, 나는 단 한 가지의 의문을 풀기 위해 노력했다. 덕분에 지금 나는 아버지를 전보다 더 폭넓고 통합적이고 진솔하게 바라보게 되었지만 왜 평소 우리는 자신과 다른 사람들을 다양한 시각으로 보지 못하는 것일까?

아마도 대부분이 완벽을 요구하는 문화 속에서 살아가며 불완전함을 몹시 불편하게 느끼기 때문일 것이다. 우리는 자신이 완벽해질 수 있으며 반드시 그래야 한다고 굳게 믿는다. 따라서 완벽해지기 위한 노력을 절대로 멈추어서는 안된다고 생각한다. 그래서 자신이 어쩔 수 없이 불완전한 존재라는 사실을 알게 되는 순간 당황하고 실망한 나머지 완전히 맥이 빠져버리는 것이다.

일반적으로 우리 사회는 결점을 언짢아하고 약점을 금기시하는데, 이러한 경향은 높은 성취를 이룬 사람들 사이에서 더욱 두드러지게 나타난다. 그러다 보니 이러한 속성들은 대개 감추어지기가 일쑤이다. 예를 들면 내 아버지의 약점이었던 자신감의 결여라든지, 어느 CEO의 정책적 과오나 개인적인 약점, 사업상의 실수는 거의 인정하지 않으려고 한다.

반면에 성공은 눈부시게 치장된다. 신문과 잡지의 기사라든가 파티에서 나누는 대화를 들어보면 누군가의 성공은 여러 요소가 차곡차곡 쌓여 과장된 어조로 전달된다. "저 여자 분은, 어느 회사의 부사장인데 스탠퍼드대학을 가장 높은 성적으로 졸업했다는군요"라는 식으로 마치 따로 떨어진 하나의 성공만으로는 완벽한 그림이 나오지 않는다는 듯이 말한다. 오늘날은 대중매체의 빠른 판단과 간결한 어구에 영향을 받아서 그런지 성공도 이진법으로 바라보는 경향이 있다. 성공하거나 아니면 성공하지 못하거나.

특히 유명인들이 끊임없이 성공 가도만을 달리는 것처럼

묘사되고 이와 같은 시각은 우리에게 큰 영향을 미친다. 구체적 사례를 한번 살펴보자.

주식시장이 한창 상승기류를 타던 무렵인 1990년대 후반, 통신기업 월드컴과 같은 잘나가는 회사들의 리더는 우상으로 묘사되곤 했다.

그들이 이끄는 회사는 분기마다 높은 수익을 올리며 빠르게 성장했고 주가는 날로 치솟았다. 많은 사람이 그들을 모방하여 지혜를 배우고자 했으며, 그들의 사업 모델을 사용하고, 성공을 불러일으키는 주문처럼 보이는 마법의 레시피를 자신의 사업에도 적용하고 싶어 했다. 그러나 몇 년 뒤 이러한 논리는 타당성을 잃는 듯했다. 가치 있는 성공 신화로 대중의 마음을 사로잡았던 조직의 성공 이면에는 우리가 생각하지 못한 어두운 진실이 있었기 때문이다.

이전까지 사람들이 우상시했던 경영인들은 알고보니 사업을 엉망으로 운영한 사실이 밝혀졌다. 회사의 회계를 엉터리로 처리했으며, 다른 주식 소유자들을 희생시켜 막대한 이득을 챙겼고, 심지어 법을 어기기까지 했다. 그들은 자격을 갖춘 리더가 아니었다. 상당수가 탐욕스러웠고, 일부는 형편없는 결정을 내렸으며, 몇몇 경영인은 아예 회사를 완전히 회생 불가능한 상태로 만들어버렸다. 이런 실상이 드러나자 경영인들의 잘못된 결정으로 인해 직원들과 주식 소유자들이 입은 손해는 말할 것도 없고, 사람들은 그동안 감쪽같이 속았다는 것에 심한 배신감을 느껴야만 했다.

그것은 당연한 반응이었지만 한편으로는 최근까지도 무한한 존경을 받던 경영인들이 갑자기 비난의 대상으로 전락했다는 사실이 충격으로 다가왔다. 이는 우리에게 명예의 봉우리가 높은 만큼 불명예의 파곡도 깊다는 것을 상기시킨 것이다.

우리는 여태껏 마치 롤러코스터를 타고 비이성적 과열에서 출발해 비관주의에 도달할 때까지 중간에 한 번도 쉬지 않고 내달린 듯하다. 개인이나 회사, 경제 모두 언덕의 정상에 오를 수도 있고 골짜기 아래로 떨어질 수도 있다. 그러나 대부분이 정상 위의 모습은 잘 받아들이지만 골짜기 아래의 모습은 (또는 완벽함이라는 정상 아래에 있는 모든 것들은) 어떻게 이해하고 받아들여야 하는지 잘 모른다.

물론 일부 경영자에게서 나타난 책임 회피라는 행태가 모든 성공의 밑바닥에 도사리고 있는 것은 아니다. 그렇지만 앞서 언급한 사례는 사회가 완벽함에 대해 얼마나 경직된 시각을 지니고 있는지를 아주 잘 보여준다.

그렇지만 더 큰 문제는 평범한 개개인이 스스로에 대해서도 똑같은 기대를 적용한다는 것이다. 항상 언덕의 꼭대기에서 있어야 하는 끊임없는 성공만이 인생의 표준 지표가 된다. 그래서 혹시라도 기대에 미치지 못하거나 실패하면 수치심에 시달리고 결국에는 자신이 무능한 인간이라는 절망감에 빠진다. 성공한 회사에 대한 맹목적인 추종이나 비난 같은 집단적 시각처럼 우리는 스스로를 평가할 때도 종종 이쪽 끝이 아니면 저쪽 끝이라는 극단적인 평가를 내리는 것이다.

스스로 만들어낸 현실적으로 도달하기 힘든 성공의 기준에 자신을 비교하면서 무능하다고 탓하는 것은 결국 정신을 좀먹는 행위이다. 그러한 감정은 종종 모든 기력과 열정을 소진시키기에 이른다. 또한 자신의 실수를 받아들이지 못해 그로부터 배우지 못하게 되고, 자신과 타인을 보다 현실적으로 바라볼 수 없게 되며, 인생에서 창의적으로 나아가지 못하게 된다.

세상에 쓸모없는 사람이 없는 것과 마찬가지로 약점이 없는 사람이 있을 수는 없으며 그런 생각은 동화 속에나 나오는 환상일 뿐이다. 처음에는 제아무리 완벽한 사람처럼 보이더라도 그의 삶을 한 겹씩 벗겨보면 생각보다 훨씬 더 복합적인 존재라는 사실을 발견하게 된다.

아버지의 강점이었던 지성 곁에 자신감 결여라는 단점이 있었듯이 개인의 긍정적인 특성 옆자리에는 약점이 반드시 따라오기 마련이다. 개인의 약점은 강점과 공존할 뿐 아니라 사실 약점과 강점은 사이좋은 이웃이다. 정치가나 북극의 탐험 대원, 혹은 CEO 등등 대단히 성공한 어떤 인물의 전기를 읽어보면 그의 박약한 의지와 실패에 대한 이야기가 단지 몇 구절이 아니라 책 전체에 걸쳐 나오는 것을 발견할 수 있다. 선거에서 패배한 경험담이라든가, 실패한 결혼 생활, 혹은 성사되지 못한 거래에 대한 이야기가 상당 부분을 차지한다. 학자로서 내가 연구하는 페트리접시Petri dish(세균 배양용 접시) 속에는 큰 성취를 이룬 사람들의 성공과 실패 그리고 그들이 인생의 챕터를 넘어갈 때마다 종종 경험하는 어려움이 다 함께 담겨 있는 것이다.

그중 내가 제법 깊이 있게 조사했던 기업인으로 '헨리 하인즈Henry Heinz'라는 사람이 있다. 그의 삶은 승리와 악전고투의 상호작용으로 점철되어 있는 아주 중요한 사례라고 생각한다.

하인즈, 대부분 한 번은 들어봤을 기업명이다. 1869년 하인즈가 피츠버그에 식품 가공업체를 설립할 당시만 해도 미국에는 자기가 직접 기르거나 만들지 않은 식품을 먹는 사람이 드물었다.

이런 상황에서 하인즈는 소비자들의 식습관에 대변혁을 일으키며 피클을 비롯하여 조미료와 구운 콩을 생산했다(그러는 동안 그는 '케첩왕'이 되었다). 그렇지만 성공이 아무런 방해도 받지 않고 손쉽게 얻어진 것은 아니었다. 그의 인생 속에는 충격적인 좌절과 패배가 담겨 있었다.

1875년에 이르러 하인즈의 회사에 위험이 닥쳐왔다. 불황에 신용위기까지 겹쳐서 회사의 자금이 완전히 바닥나버린 것이다. 최선을 다해 자금을 끌어모았지만 몇 달을 버티지 못하고 두 손을 들고 말았다. 분노한 채권자들은 하인즈를 사기 혐의로 고소했고 그는 체포되었다. 개인 재산과 부친의 재산까지 압류되었고 회사의 모든 물건도 마찬가지였다. 물건들은 하인즈가 참석하지 않은 자리에서 경매를 통해 처분되었으며 결국 회사는 문을 닫았다. 그리고 크리스마스를 일주일 앞둔 시점에 회사는 최종적으로 부도 처리가 되었다.

당시 하인즈는 위기에 처한 자신의 심정을 일기에 기록했는데 그것은 좌절과 수치심, 회의감으로 뒤덮인 내용이었다.

'지금은 크리스마스 선물을 살 돈마저 남아 있지 않다. 아내 샐리는 우울한 얼굴로 울고 있다. 그런데도 그녀는 우리가 망했기 때문에 우는 것이 아니라고 말한다. 그냥 몸이 좀 안 좋을 뿐이라고 한다. 슬프다. 그런 재판은 다시는 겪고 싶지 않다. 우리가 파산했다는 이유로 모두가 우리를 낭떠러지로 떠미는 기분이다.'

그달의 마지막 날, 하인즈는 모든 사람이 자신을 비난하고 있다는 것을 깨달았다. 그는 다시 한번 일기에 이렇게 적었다. '사람은 돈이 없으면 아무것도 아니다.'

그러나 엄청난 타격에도 불구하고 실패를 통해 하인즈는 자신이 해야 할 일은 포기하지 않고 다시 식품회사를 운영하는 것임을 깨달았다. 괴로웠으나 스스로에 대한 믿음도 이전보다 더 강해졌다.

그는 친척들에게 돈을 빌리고 실패로부터 얻은 경험을 바탕으로 1년이 안 되어 새로운 회사를 시작했다. 그 후 하인즈는 최상의 제품들을 생산했고, 강력한 브랜드를 창출했으며, 수천 명의 직원을 거느리면서 지역사회에 지대한 공헌을 하는 세계적인 수준의 기업으로 회사를 키워냈다.

하인즈는 어떻게 해서 처절한 실패를 딛고 재기에 성공할 수 있었을까? 그건 자신이 누구이고, 무엇을 원하고, 누구를 걱정하는지, 사업이 어떤 이유 때문에 그토록 순식간에 무너져버렸는지에 대해 찬찬히 살펴봤기 때문에 가능한 일이었다. 치욕스럽고 고통스러운 경험마저 기꺼이 포함한 이와 같은 깊이 있는 성찰은 하인즈에게 크나큰 영향을 미쳤다. 깊은 성찰은 자신에 대한 믿음을 확인시켰고 과거의 실수로부터 교훈을 얻고 다시 나아가게 도와주었다.

물론 다른 사람이 실패 이후에 죄책감과 자기 질책, 당혹감을 극복하고 재기에 성공했다는 이야기를 전해 듣는 것과 실제로 자신이 그렇게 한다는 것은 별개의 문제이다. 본인의 실수와 단점을 인정하는 것은 쉬운 일이 아니며, 그로부터 무엇인가를 배우기 위해 개인적인 수치심을 극복한다는 것은 더더욱 어려운 일이다. 그러나 하인즈의 경험에서 볼 수 있듯이 이러한 과정은 올바른 삶을 살고자 하는 모든 사람에게 반드시 필요하다.

하버드 경영대학의 롤런드 C. 크리스텐센Roland C. Christensen 교수는 교수법에 대한 사례연구를 모아서 『판단을 위한 교육 Education for Judgment』라는 책을 출간한바 있다. 내가 이 책을 특별히 언급하는 이유는 제목 그 자체가 많은 것을 함축하고 있다고 생각하기 때문이다.

야망을 갖고 한 단계 더 높은 도약을 꿈꾸는 당신은 보다 넓은 세상에서 어떤 큰일을 이루고 싶을 것이다. 자신 안의 천 조각을 인간의 행동이라는 큰 이불에 이어 붙임으로써 그 조각들이 다채롭고 화려하게 빛나기를 바랄 것이다. 그렇지만 이를 위해서는 단순히 주어진 천과 성능 좋은 바늘로 바느질하는 방법을 배운다거나 혹은 어떤 특별한 경우에 적합한 사업 기술이 담긴 도구 상자를 소유하는 것만으로는 부족하다. 우리는 보다 파악하기 어렵고 보다 손에 잡히지 않는 어떤 것을 갖추어야만 하는데 나는 그것이 아마도 훨씬 더 강력한 기술이라는 생각이 든다.

결국 인생에서 한 단계 더 높이 올라가기 위해서는 지성과 성실함과 경험을 사용해 '올바른 판단'을 내리는 것이 중요하다. 내가 이런 이야기를 하는 주목적은 지금뿐 아니라 앞으로도 계속 삶을 살아가면서 만날 문제들에 대해 어떻게 생각하고 대처해야 하는지 당신에게 그 방법을 알려주고 싶어서이다. 나는 당신이 마케팅 전략이나 노동력의 확보, 혹은 자금 조달 같은 비즈니스 분야를 넘어서서 흡사 퀼트 이불처럼 다양한 조각이 모여 이루어진 인생 전반에서 현명한 선택과 판단을 하도록 도와주고 싶다.

이때 자신과 주위의 사람들을 솔직하게 바라보지 못한다면 탁월한 결정을 할 가능성은 이미 물 건너간 셈이다. 나는 당신이 잠시 멈춰 서서 일종의 개인적인 계산을 해봤으면 좋겠다. 자신의 불완전함을 강점과 더불어 생각하는 법을 배우는 것이다. 수치심에 무기력해지지 말고 자신의 실수까지 있는 그대로 인정해보자.

당신이 되고자 하는, 권력을 가졌으며 고소득에 열정적이고 가차없이 완벽한 사람은 잊어버려라. 자신과 주변에 있는 다른 사람들을 진정한 사전적 의미 그대로 '완벽한' 존재로 생각하는 법을 배워라. 완벽함이란 결점이 없고 나무랄 데 없는 상태가 아니라 전체적으로 보았을 때 꼭 필요한 부분이 결여되지 않은 상태를 말한다.

자, 여기에 간단한 방법이 있다. 마치 사진들을 테이블 위에 늘어놓듯이 당신의 기억과 경험을 모두 끄집어내어 마음속에 펼쳐보라. 그리고 본인의 새로운 모습 한 가지를 떠올려보라. 보다 충만하고, 솔직하고, 완전한 형태를 지닌 당신만의 이미지가 떠오를 것이다. 내가 나의 아버지를 바라본 것처럼 이제 자신의 모습을 바라보라. 어떤 그림이 그려지는가?

세상의 모든 이들과 마찬가지로 당신 역시 복합적이고 지적이며 결함이 있는 존재이다. 그리고 그 자체로 완벽하다.

Remember
who
you are

로자베스 M. 캔터

하버드 경영대학의 교수이자 세계적인 경영 컨설턴트. 세계 5대 경제학자 중 한 사람이자 《더 타임스The Times》에서 선정한 '세계에서 가장 영향력 있는 50인의 여성' 중 한 명으로 선정되었다. 그동안 이룬 수많은 뛰어난 업적에도 불구하고 언제나 겸손한 모습을 유지하는 것으로 유명하다.

내 말에 귀 기울일 수밖에
없도록 만드는 법

지금으로부터 40여 년 전, 뉴잉글랜드에는 100여 년 만에 최악의 눈보라가 몰아쳤다. 거의 1미터까지 쌓인 폭설은 지금까지도 전설처럼 전해진다. 당시 보스턴 지역은 일주일 동안 개점휴업과 마찬가지였다. 도로가 차단되고, 공항은 폐쇄되었으며, 시에서는 주민들에게 집에 머무르라는 지시를 내렸다. 보스턴 시장은 차를 몰고 가는 사람이 있으면 체포하겠다고 엄포를 놓기까지 했다.

당시 나는 새내기 교수이자 비즈니스 컨설턴트였고 처음 출간한 책이 베스트셀러가 된 상태였다. 그래서 그 최악의 눈보라가 몰아친 다음 날에 시카고에서 열리는 미국 경영협회 모임의 연설 일정이 잡혀 있었다. 그러나 그런 날씨에 시카고까지 간다는 것은 불가능한 일이었으므로 나는 협회에 전화를 걸어서 관계자에게 양해를 구했다.

"미안하지만 모임에 참석하지 못하겠습니다."

"안 됩니다. 꼭 참석하셔야 합니다."

그의 이런 반응에 내가 "도저히 갈 수가 없어요. 시장님의 명령이에요"라고 말하자 다음과 같은 대답이 돌아왔다.

"글쎄요, 그렇다면 시장님께 미국 경영협회의 일이라고 말해보세요. 당장 가라고 하실 겁니다."

그는 마치 비즈니스가 법보다 위에 있다는 듯이 거만하게 말했다. 그건 내가 평소 바꾸고 싶어하는 고압적인 태도였다.

그들은 정해진 프로그램에 펑크가 나는 것은 절대로 용납할 수 없다는 입장이었기 때문에 결국 나는 전화를 이용해 연설하는 것으로 합의를 보았다. 화상회의가 생기기 전의 일이었으므로 그것만이 최선이었다. 속으로 '정말 황당한 일이야. 시커먼 플라스틱에 대고 연설을 하는 건 아주 끔찍할 텐데……'라고 생각하면서 어떻게 해야 하나 계속 고민했다.

고심 끝에 나는 연설 시간에 맞추어 몇 명의 친구를 집에 초대했다. 내가 실제로 청중들 앞에서 연설하는 것처럼 자연스럽게 말할 수 있도록 나의 말에 반응을 보여달라고 부탁했다. 연설을 할 시간이 되자 친구들이 도착했고, 그들 중에는 무려 크로스컨트리 스키를 타고 온 친구도 있었다.

메모해둔 전화번호를 누른 후, 나는 청중들에게 나를 소개하는 말이 나올 때까지 기다렸다. 그러나 수화기에서는 아무 소리도 나지 않았고 나를 소개하는 말이나 진행자의 목소리도 들을 수 없었다. 청중의 소리까지 들리지 않았으므로 나는 어쩔 수 없이 바로 내 소개를 했다.

"여러분께서 저를 볼 수 없기 때문에 먼저 제가 어떻게 생겼는지 말해야겠네요."

나는 이와 같은 말로 연설을 시작했다.

"저는 여러분이 마음속으로 상상하는 바로 그런 모습이에요. 키가 크고 날씬한, 좀 젊은 캐서린 헵번Katharine Hepburn(미국의 배우)이라고나 할까요."

시카고의 반응이 어떤지는 알 수 없었지만 방에 있던 친구들은 웃음을 터뜨렸고 나는 그제야 긴장이 풀렸다. 그들의 유쾌한 반응은 45분간의 연설을 무사히 해낼 수 있으리라는 확신을 안겨주었다.

그렇게 별 탈 없이 연설을 잘 마칠 수 있었다. 연설을 끝내고 나면 저쪽에서 누군가가 대답을 해주고 감사하다는 말을 할 것이라고 했는데 여전히 침묵만 계속되었다. 마치 코드가 빠진 수화기를 들고 있는 기분이었다(당시만 해도 경영 관계자들은 "감사합니다"라는 인사말을 자주 잊어버리곤 했는데, 이것 역시 내가 변화시키고 싶어 했던 것들 중 하나다).

어쨌거나 수화기를 내려놓았고 무사히 연설을 마쳤다는 생각에 마음이 뿌듯했다. 친구들은 박수를 쳤고 특히 긴장을 풀기 위해 했던 오프닝 멘트에 대해 칭찬을 아끼지 않았다.

이제 와서 하는 말이지만 그 연설의 오프닝 멘트는 재미는 있었지만 정말로 정확한 내 소개는 아니었다. 나는 훤칠하게 키가 크지도 않고 광대뼈가 조각처럼 도드라진 완벽한 얼굴도 아니다. 팔걸이의자에 털썩 주저앉은 나의 모습은 편안해 보일지는 몰라도 도도해 보이지는 않는다.

사실 행사 팸플릿에 내 사진이 실려 있었기 때문에 시카고에 모인 청중의 상당수는 내가 어떻게 생겼는지 이미 알고 있었을 것이다. 그러나 나는 웃음을 유발하는 위트 있는 말로 청중들의 예상을 뒤엎었고 이로써 몇 가지의 중요한 목표를 달성했다. 어색함과 산만한 분위기를 몰아냈고, 청중들이 귀를 기울이고 집중할 수 있게 만들었으며, 내가 전달해야 하는 '핵심'을 강력하게 부각시켰다.

내가 자신을 캐서린 헵번에 비유한 것이 무심결에 떠오른 생각처럼 보일 수도 있겠지만 그것은 즉흥적으로 생각해낸 아이디어가 아니었다. 폭설이 내린 날 아침, 나는 내 앞에 펼쳐진 이중의 장애물을 어떻게 극복해낼 것인지 아주 깊게 고민했다. 당시만 해도 나는 초보 교수였고 같은 분야에서 여성 전문가는 거의 찾아볼 수 없었다. 무엇보다도 청중들은 수천 킬로미터나 떨어진 곳에 있었다.

청중들 중에는 내가 방한화를 신고 눈길을 헤쳐 그곳에 직접 나타나지 않은 것을 탐탁지 않게 생각하는 사람도 분명 있을 것이라고 짐작되었다. 그런 냉랭한 사람들에게 내가 연설을 할 당사자이며, 연설이 들을 만한 가치가 있음을 인식시키기 위해서는 나이와 성별, 지역을 뛰어넘는 '다리'를 놓을 필요가 있었다. 그것도 최대한 빨리. 결국 나는 내가 좋아하는 영화배우의 도움으로 다리를 놓는 데 성공했다.

당시 사람들이 생각하는 성공한 여자의 이미지가 총명함과 아름다움을 겸비한 배우 캐서린 헵번에 가깝다는 것을 알았기 때문에 나는 그 이미지를 이용했다. 그로써 청중들을 놀라게 했고, 관심을 자극했으며, 농담으로 그들을 웃게 만들었다. 또한 긴장을 풀어준 뒤 나와 그들을 하나로 묶었다. 나는 청중들에게 외모가 아니라 내가 지금 하려는 말이 더 중요하다는 메시지를 보낸 것이다. 자신을 나만의 방식대로 소개하며 불편한 사안을 직접적으로 전달함으로써 상황을 통제했고, 청중들이 연설 내용에 집중하도록 했다.

겨우 두 문장으로 연설을 훌륭하게 해냈다는 주장이 지나친 비약으로 들리는가? 어쩌면 그럴지도 모른다. 그러나 유명 CEO와 정치인뿐만 아니라 다양한 분야의 많은 리더가 언제나 이런 식으로 연설을 시작한다는 것을 기억할 필요가 있다.

많은 사람 앞에서 발표를 해야 하는 순간이 온다면 꼭 세심히 계획한 한두 마디의 말로 주도권을 장악하라. 이 능력은 리더십을 보장하는 중요한 요소이다. 훌륭한 리더는 어떤 상황을 설명하기 위해 사람들 앞에 나서게 될 때, 혼란과 동요라는 장애물을 뛰어넘어 사람들의 이목을 집중시키는 데 일가견이 있다. 그들은 자신이 무엇을 왜 성취하려고 하는지 이야기하면서 사람들을 기분 좋게 끌어들이고, 청중의 호기심을 유발해 더 쉽게 귀를 기울이고 반응을 보이도록 유도한다. 그들은 이렇게 사람들에게 향하는 다리를 놓아 자신의 생각을 수용할 수 있는 분위기를 조성하고 서로의 거리를 좁힌다. 이 모든 일을 가능케 하는 것이 바로 목소리의 힘이다. 내가 말하는 목소리란 금방 만난 사람들과도 돈독한 관계를 만들어내고, 들을 만한 가치가 있는 의견을 내는 어떤 그룹과도 의사소통할 수 있는 개인의 능력을 의미한다.

리더십의 첫 번째 과제는 사람들의 주의를 집중시키는 것인데 사실 일반적으로 이를 위해 주어지는 시간은 겨우 몇 분 정도에 불과하다. 눈보라가 몰아치는 상황에서 내가 청중들에게 사용할 수 있는 유일한 도구는 전화선을 통해 전달되는 목소리 하나뿐이었다. 청중들이 연설자의 모습을 볼 수 없고 목소리만 들리는 상황을 이상하게 느끼거나 별로 좋아하지 않을 것이라고 생각했던 나는 최대한 목소리의 효과를 높이고자 노력했다. 그래서 연설 내용과 전달 방식, 청중들에게 미치는 영향에 집중했다.

당시 내 목소리가 전화선을 통해 사람들에게 제대로 전달되었고 연설 취지 또한 잘 전해졌다는 사실을 알게 된 건 그로부터 몇 달 후였다. 눈이 다 녹아서 여행을 다닐 수 있게 되었을 때 나는 여러 모임에 참가하러 다니는 중이었다. 그때마다 몇몇 사람들이 웃는 얼굴로 다가와서 이렇게 말했다.

"정말 캐서린 헵번이랑 비슷하네요!"

그러면 나는 얼른 "아, 시카고 연설에 참석하신 분이군요" 하고 반갑게 대답했다.

그 연설 이후로도 나는 종종 그때의 목소리와 오프닝 멘트를 이용하곤 한다. 수많은 청중 앞에서는 물론이고 일대일의 만남에서도 그러하다.

한번은 공항에서 어떤 사람을 만난 적이 있는데 그가 나를 훑어보더니 이렇게 말하는 것이었다.

"키가 더 클 것이라고 생각했어요."

그 말에 나는 이렇게 대답했다.

"제가 좀 허풍이 있어요. 그리고 키는 중요하지 않죠. 사실 전 앉아서 일할 때 더 잘한답니다."

나의 목소리는 유쾌하며 부드러웠다. 이런 대화를 나누며 우리는 더 가까워질 수 있었고 나아가 나라는 사람에 대한 자신감과 어떤 상황도 주도할 수 있는 힘을 얻게 됐다.

스스로 먼저 편안한 마음을 가지는 사람들은 타인도 편안하게 귀 기울일 수 있도록 만든다. 그들은 강력한 효과를 내기 위해서 큰소리로 말하지 않는다. 애초에 그럴 필요가 없기 때문이다. 나는 몇몇 능력 있는 CEO들이 절제된 목소리로 조용하게 말하는 것을 본 적이 있다. 리더의 스타일은 제각각이더라도 그들의 목표는 동일하다. 그것은 바로 처리해야 할 다급한 문제와 청중 사이에 놓인 장애물들을 모두 치워버리는 것이다.

경험 많은 기업인뿐만 아니라 젊은 경영학도를 가르칠 때에도 나는 언제나 이렇게 조언한다. 자신의 모습을 잘 드러내주는 가장 효과적인 목소리를 찾아내서 그 목소리로 말하라고 말이다. 물론 이것은 늘 당신이 말을 하는 쪽이어야 한다는 뜻이 아니다. 그 반대일 수도 있다. 말을 하는 것과 마찬가지로 다른 사람들의 말을 잘 들어주는 것도 중요하기 때문이다. 그러나 당신이 지금 어떤 상황에 있든지 간에 (부사장에게 보고서를 제출해야 하거나, 매니저들이 잔뜩 모인 회의실에 들어가야 하거나, 혹은 사업에 필요한 자금을 모으기 시작하는 단계에 있다거나, 기조연설을 하기 위해 연단위로 올라가 있다거나 등등 어떤 경우라도) 지금 하고자 하는 그 말은 목적지에 분명하게 도달해야 한다.

현실은 때때로 당신에게 의제를 설정하고, 방향을 정하고, 비전을 만들라고 요구할 것이다. 그렇지만 먼저, 당신은 사람들의 '마음'부터 얻어야 한다. 예컨대 당신이 어떤 회의나 이벤트에 참석할 때, 아는 사람 열 명이 참석했든 모르는 사람 만명이 참석했든, 그 자리에 알맞은 분위기를 만들어내고 사람들과의 관계를 형성하기 위해 주어지는 시간은 매우 짧다는 사실을 잊지 마라. 사람들의 머릿속은 당신이 떨쳐버리게 만들어야 하는 다른 생각들로 가득 차 있다. 그렇다면 당신의 목표는 그들 사이에 빠르고 분명하게 유대감을 만드는 것이어야 한다.

나는 시카고 연설에서 지리적·기술적·인구통계학적 장벽을 가로지르는 다리를 놓아야만 했다. 당신의 앞에도 극복해야 할 다양한 장벽이 무수히 많을지도 모른다. 예를 들어 문화라든가 이기심과 같은 장벽이 곳곳에 있을 것이다. 또한 회사의 외국 지사에서 일할 수도 있고, 여러 팀을 이끌어야 할 수도 있으며, 당신과는 사뭇 목적이 다른 사람들과 협상 테이블에 마주 앉게 될지도 모른다. 어떤 상황에서든 올바르게 자신을 드러내면서 합의를 이루고 화합을 이끌어내야 하는 것은 오로지 당신의 몫이다.

이를 효과적으로 수행하기 위해서는 특정한 상황에 맞는 전략을 세울 필요가 있다. 먼저 주변 환경을 세심하게 관찰하는 것이 중요하다. 연설이나 보고, 제안을 하기에 앞서 그것을 들을 대상이 어떤 사람들인지 조사하라. 나이와 성별, 경력에 대해 알아보고 그들이 일반인인지 전문가 집단인지, 아니면 회의를 참석하기 위해 멀리서 온 사람들인지 파악해야 한다. 또한 당신의 발표나 연설이 점심시간 직전은 아닌지도 미리 알아두어야 한다. 이렇게 청중이 누구인지 또 그들이 어떤 목적으로 그곳에 앉아 있는지에 대해 인지해야 하면서도, 동시에 장소의 분위기 역시 파악해야 한다. 만약 부정적이거나 어색한 공기가 흐른다면 분위기를 바꿀 방법 또한 찾아내야 하기 때문이다.

그렇지만 아무리 청중을 당신 편으로 끌어들이고 싶을지라도 저속한 욕망을 드러내거나 비굴한 태도를 취하는 등 당신 본연의 모습을 너무 심하게 바꿔서는 안된다. 청중은 지적이고 성실하며 신선한 아이디어와 통찰에 목말라하는 사람들이라고 생각하라. 그렇다면 당신은 자연스레 자신만의 유일한 목소리와 언어로 그들을 사로잡고 싶을 테니까.

이 밖에도 여러 수단과 방법을 동원해서 다른 이들의 비결을 빌려도 좋다. 그렇지만 자신이 아닌 다른 사람이 되려고 해서는 안 된다. 강한 목소리를 내되 그것은 언제나 본인의 목소리여야 한다. 그리고 자신을 소재로 삼아 우스갯소리를 한다고 해도 권위는 떨어지지 않는다. 오히려 유쾌함은 무기가 되어 권위와 힘이 상승할 것이다.

마지막으로 내가 한 시카고 연설의 또 다른 교훈에 대해서도 기억하기 바란다. 힘든 과제를 수행하는 동안 당신과 함께 웃음을 나눌 수 있는 진정한 지인을 주위에 두는 것은 정말로 중요한 일이다. 그들은 눈이 내리는 날 스키를 타고서라도 와서 당신을 위해 기꺼이 함께해줄 사람들이다.

주위에 사나운 폭풍우가 몰아쳐도 혹은 아무도 당신의 말을 듣고 있지 않는 것처럼 생각되어도 말할 수 있는 용기를 내야 한다. 청중을 자기편으로 끌어들이기 위해서는 모든 상황에 잘 들어맞는 또 다른 자아와 적용 가능한 사례들을 불러낼 준비를 갖추어야 한다.

어느덧 아무런 응답이 없는 전화를 붙들고 시카고에 있는 청중들에게 연설을 한 지도 40년이 훌쩍 지났다. 그 후로도 나는 셀 수 없이 많은 연설을 했으며 지금은 안정적인 지위와 함께 연구진까지 거느린 석좌교수가 되었다. 그동안 비즈니스 분야에서 일하는 여성의 수는 놀랄 만큼 증가했고 이제는 매사추세츠에 폭설이 내린다고 해도 화상회의를 통해 세계의 어느 곳에서나 연설이 가능하다. 그러나 나는 여전히 그때와 똑같은 방식으로 목소리를 사용하고 있다. 그날과 똑같은 목적을 갖고 말이다. 청중과의 간격을 없애고 그들의 집중을 유도하기 위해, 즉 더 많은 사람들을 이끌기 위해.

그리고 궁금해할 이들을 위해 알려주자면 지금도 나는 젊은 캐서린 헵번처럼 보인다. 아니, 요즘에는 조디 포스터랑 더 비슷하려나?

2장

타인을
어떻게 대해야 하는가

H. 켄트 보엔

기술과 운영 관리 분야를 가르치는 교수. 평소 수업할 때 천천히 말하는 편인데, 이는 학생들이 자신이 한 말 속에서 숨은 의미를 찾길 바라는 데서 생긴 버릇이라고 한다. 지적인 일목요연함과 더불어 아저씨 같은 푸근함까지 지녀서 학생들의 진로, 인생 상담자로 인기가 높다.

누구나 누군가의
귀한 사람이다

재능과 야망, 여기에 근면성까지 지녔다면 당신은 성공 궤도에 오를 수 있을 것이다. 언젠가는 지금 몸담고 있는 조직의 한 부서를 인솔하게 될 것이고 어쩌면 조직 전체를 통솔하게 될지도 모른다.

지위가 점점 높아지고 더욱 막강한 권력을 가지게 되면 예전보다 훨씬 더 어려운 결정을 해야 한다. 예를 들어 구조조정을 위해 직접 직원을 해고해야 하는 것처럼 타인의 삶과 생계에 영향을 미치는 결정들을 그 누구도 아닌 본인이 직접 내려야 하는 상황을 만나게 된다.

당신은 해고해야 하는 사람들 개개인에 대해서 잘 알지 못할 수도 있다. 공장 노동자, 엔지니어, 관리인 혹은 매니저인 그들은 당신이 거의 관심을 기울이지 않는 영역에서 일하고 있는 까닭에 이름조차 생소할지도 모른다. 또한 그들과 당신의 삶은 너무도 달라서 서로 판이하게 다른 선택을 하며 살아왔을 수도 있다. 나는 지금 그런 사람들 중 한 명의 이야기를 하려고 한다.

그녀의 이름은 세라이다. 부유하거나 좋은 가문에서 태어나지 않았고, 탄탄대로처럼 성공이 펼쳐진 환경에서 자라지 않았지만 세라는 똑똑하고 진취적이며 재치 있는 아이였다. 인생의 초반부에 그녀가 이룬 것들은 순전히 재능과 노력의 결과였다.

유타주의 작은 농가에서 자란 그녀는 어려서부터 새벽녘에 일어나 학교에 갈 때까지 몇 시간 동안 집안의 온갖 허드렛일을 거들곤 했다. 그녀는 왼손잡이였는데 그때는 왼손잡이에 대해서 좋지 않은 눈초리를 보내던 시절이었다. 그래서 세라는 양손잡이가 되어야겠다고 결심했고 부단한 노력 끝에 양손을 능숙하게 사용할 수 있었다.

세라는 학교에 다니는 것을 좋아했으며 특히 독서를 매우 즐겼다. 매주 빼놓지 않고 두세 권의 책을 읽기 시작해서 청소

년이 되었을 무렵에는 마을 도서관에 있는 책들을 모조리 읽고야 말았다. 그녀는 원래 학년보다 2년이나 앞질러 졸업하면서도 1등을 놓치지 않아 졸업생 대표로 고별사를 낭독하기도 했다.

뛰어난 능력은 학교와 집, 농장의 일에 그치지 않았다. 그녀는 혼자서 뜨개질이며 바느질 방법을 익힐 정도로 창의적이었다. 알록달록한 천 조각들이 가득 담긴 바구니를 들고 부엌의 탁자로 가서 앉는가 싶으면, 어느새 복잡한 조각들을 잇고 누벼서 자신만의 독창적인 색감과 대칭이 가미된 완전히 새로운 디자인의 멋진 퀼트 작품을 뚝딱 만들어냈다.

열네 살이 된 세라는 아버지의 소규모 젖소 농장을 맡은 경영자가 되었다. 학교 수업이 늘어난 만큼 농장 일도 더 많아졌다. 가축들의 건강을 챙기고 사료비에 대한 예산을 세우거나 하루에 두 번씩 우유를 짜는 일도 도맡았다.

세라는 우유를 시장에 내놓고 지역의 유제품 가공업자들과 가격을 협상했으며 모든 거래를 장부에 기록했다. 장부는 당연히 흑자였지만 그녀는 그 돈을 자신을 위해 쓰거나 저축하는 대신 대학에 진학한 세 오빠의 학자금으로 주었다.

세라가 처한 환경이 좀 더 좋았다든가 그녀가 선택한 인생이 달랐더라면 그녀는 영리함과 성실함을 바탕으로 큰 성공을 거둘 수 있었을 것이다. 변호사나 의사가 되었을 수도 있고 교수나 기업인이 되었을 수도 있다. 어쩌면 그보다 훨씬 더 대단한 인물이 되었을지도 모른다. 그러나 그녀는 고등학교를 졸업하자마자 10대를 벗어나지 않은 어린 나이에 결혼을 했다. 세라와 남편은 아이를 많이 낳아서 대가족을 이루기로 했고 그녀는 전적으로 육아를 떠맡았다.

세라는 지금까지 온갖 일들을 하면서 발휘했던 수많은 재능을 이제 자신의 새로운 가족을 위해 사용했다. 그녀는 이아이들이 학교에 작문 숙제를 제출해야 할 때면 직접 나서기도 했는데, 단순히 문법과 단어들만이 아니라 생각을 논리적으로 표현하는 법이라든가 학구적인 개념을 생생하게 표현하는 법에 초점을 맞추어 가르치기까지 했다.

그녀는 누군가를 책임지고 지도하는 일에 유난히 정성을 쏟았다. 이웃 아이들이 학교에서 어려움을 겪을 때면 그들을 집으로 초대해서 마음이 풀리도록 다독거려주었으며, 능숙하게 읽고 쓸 수 있게 도와주었고, 스스로 성취하고 싶어 하도록 이끌었다. 그녀는 동기를 부여하는 것에 매우 뛰어났고, 사람들이 어떤 방법으로 배우는지 깊이 이해했으며, 그들 스스로

자기의 능력을 신뢰하게 만들기까지 했다. 학계에 몸담고 있는 나는 교육에 남다른 재능을 타고난 사람들을 여러 명 보았는데 세라는 그중에서도 단연 최고였다.

여덟 명의 아이를 돌보는 것만 해도 이만저만 손이 가는 것이 아닌 데다가 결코 부유한 살림살이가 아니었지만 그녀는 늘 다른 사람들에게 관심을 기울였다. 아예 아이 한 명을 양자로 삼았으며, 보다 좋은 여건에서 공부하기 위해 멀리 사우스다코타주의 시골에서 온 어린 조카도 집으로 맞아들였다.

그런데 그녀의 나이가 채 마흔이 되기 전에 그만 남편이 심장마비로 세상을 떠나고 말았다. 아직 돌보아야 할 아이가 다섯이나 남아 있었으므로 그녀는 혼자서 가족을 부양해야 하는 힘겨운 과제를 떠안게 되었다. 고등학교를 졸업한 후 거의 집안일에만 파묻혀 지내느라 직장 경험이 전무한 상태였지만 독립적인 성격과 자부심이 강한 그녀는 스스로 가족을 책임져야겠다고 결심했다. 사실 그것은 당시 세라가 할 수 있는 유일한 선택이기도 했다.

그와 동시에 그녀는 아이들에게 여전히 엄마의 손길이 필요하다는 것도 알고 있었다. 그녀는 자신에게 최선인 일자리보다는 아이들을 위해 최선인 일자리를 찾아보기로 했고 결국 이 영리하고 재능 있는 여인이 찾아낸 일은 건물 관리였다.

그녀는 지방의 시립 건물과 교회의 마루를 닦고 쓰레기를 치우면서 가족의 생활비를 벌었다. 또 수입을 늘리려고 자유롭게 시간을 선택할 수 있는 일을 추가로 맡아서 정규 근무시간 외에 일주일에 몇 번은 아이들과 떨어져 늦은 밤에 일했으며 일요일에도 쉬지 않았다. 월급은 넉넉하지 않았지만 학교에 가는 아이들을 집에서 배웅했고 수업을 마치고 돌아오면 직접 맞이했다.

나는 그 아이들 중 한 명이었다. 사춘기에 들어설 무렵부터 고등학교를 졸업할 때까지 8년 동안 나는 어머니, 형제자매들과 함께 건물을 관리하는 일을 했다. 그 시절 내가 어머니를 자랑스럽게 여겼더라면 얼마나 좋았을까? 어머니가 아버지를 잃고 당당하게 슬픔을 이겨낸 것 그리고 그녀의 뛰어난 환경 적응력과 용기에 자부심을 느꼈더라면……

그러나 나는 그렇게 하지 못했다. 오히려 어머니가 하는 일 때문에 내 품위가 떨어진다고 생각했으며 창피함을 느꼈다. 때때로 어머니를 따라 마을의 보안관 사무소에 가서 바닥을 닦거나 주정뱅이들의 토사물 같은 걸 치운 적도 있었는데, 그러다가 마침 그곳에 들른 동네 사람들과 마주치기라도 하는 날이면 정말이지 쥐구멍에라도 들어가고 싶은 심정이었다.

나는 가족을 먹여 살리기 위해 고된 노동을 하는 어머니를 돕기는 했지만 마음은 전혀 즐겁지 않았다. 내가 불만스러운 얼굴로 툴툴거릴 때마다 어머니는 다음과 같은 간단명료한 사실을 일깨워주곤 했다.

"이것은 우리가 '해야만 하는 일'이야. 이 일을 해야 우리가 잘 살아갈 수 있단다."

고등학교를 졸업하고 여러 해가 지나서야 내가 정작 창피하게 생각해야 할 것은 나 자신의 생각과 행동이었다는 사실을 깨달았다. 어머니는 세상이 보다 가치 있다고 인정하는 좋은 직업을 얼마든지 가질 수 있었음에도 불구하고 자식들을 위해 천부적인 재능과 꿈을 모두 포기한 채 살았는데, 나는 고작 싫어하는 일을 한다고 화를 냈던 것이다.

비록 한때는 건물 관리인인 어머니를 부끄럽게 생각하기도 했지만 지금의 나는 어머니가 어떤 사람인지 잘 알고 있다. 그녀는 나를 포함한 자녀들을 위해 엄청난 희생을 하신 성실한 분이다.

아마도 당신은 세라가 걸어온 삶과는 매우 다른 길을 걸어가

겠지만 그녀의 이야기에서 우리는 값진 교훈을 얻을 수 있다. 세상을 살아가면서 우리는 여러 사람으로부터 도움을 받는다. 그들 중에는 자신의 꿈과 열정, 자부심을 포기하고 희생해서 당신을 도와준 사람이 있을 것이다. 또한 그들이 비록 창문을 닦거나 변기 청소를 하지는 않았더라도 그 희생은 유일무이하고 진정한 것이다.

당신이 언젠가 직원으로 일하거나 리더가 되어 이끌어갈 회사에는 관리인과 매니저, 안내원, 간부 등의 다양한 사람들이 있을 것이다. 그들의 수고에 힘입어 회사는 물론이고 당신 자신도 성장하고 왕성하게 일할 수 있다. 이름조차 제대로 알지 못하는 그들이 바로 회사를 위해 열심히 일하고 있으며 동시에 자신의 가정을 위해 애쓰고 희생하는 것이다.

만약 당신에게 회사의 구조조정과 이에 따른 해고를 결정해야 하는 순간이 온다면 부디 세라의 이야기를 기억하기 바란다. 당신이 좌지우지하는 삶의 주인공들은 모두 하루하루를 열심히 살아가는 사람들이다. 그들은 단순히 숫자로 파악되어서는 안 될 존재들이다.

그들 모두가 누군가의 아들이고 딸이자 아버지이고 어머니로서 고된 땀과 희생을 감수하는 사람들이다. 당신을 위해 희생한 사람들에게 존경심과 배려하는 마음을 가지듯이 그들에게도 똑같은 존경과 배려를 보여주기 바란다. 그들 한 사람 한 사람이 누군가의 인생을 찬란하게 해주고 당신의 삶을 빛나게 만들어준 또 한 명의 세라일지도 모르니까.

프랜시스 X. 프레이

서비스 운영 관리 과정을 가르치는 교수. 강의실 안에서는 명료하고 멋진 강의로, 강의실 밖에서는 따뜻한 모습으로 학생들에게 인기가 많다. 확신에 찬 태도로 말하는 도중에 여유 있는 웃음을 터뜨리거나, 메시지를 보다 단호하게 전달하기 위해 잠시 말을 끊었다가 다시 시작하는 버릇이 있다.

'지금 이 순간'은
다시 오지 않는다

만약 어떤 사람이 나를 가르쳤던 교수님들에게 내가 교수가 되었다고 말한다면 그들은 분명 이런 반응을 보일 것이다.

"누구라고?"

그리고 그들의 두 번째 반응은 아마도 "도저히 믿을 수가 없는데……"라고 말하는 것이리라.

학부 4년과 그 후의 대학원 시절에도 나는 교수가 되겠다는 생각을 해본 적이 없다. 선생님이 되고 싶어 하는 학생이라면 대개 학교를 사랑하고, 수업 시간에는 언제나 맨 앞줄에 앉으며, 성적이 우수한 경우가 일반적이지만 나는 그중 어디에도 해당하지 않았다. 정말이지 한 번도 진지하게 학업에 임했던 적이 없었다. 심지어 나는 스스로를 학생으로 생각하지도 않았다. 내 신분은 학생이 아니었으니까.

　나는 농구 선수였다. 전공은 수학이었지만 나는 강의실보
다 코트에서 훨씬 더 빛을 발했다. 수학은 그저 완벽하기만 할
뿐, 상상력이라곤 없는 지루한 과목이었다. 교수님이 책의 내
용을 읽으면서 그것을 칠판에 적으면 학생들은 다시 그 내용
을 그대로 노트에 옮겨 적었다. 강의는 매번 이런 식이었다.
나는 맥없이 앉아 마음속으로 '그냥 복사해서 주면 안 되나
요?'라고 묻곤 했다.

　딱히 공부를 해야 할 이유가 없었으므로 번번이 수업을 빼
먹기까지 했다. 교수님들 중 일부는 나를 기억조차 하지 못하
기도 했다. 나를 보았다고 해도 그저 뒷자리에서 고개를 떨구
고 웅크리고 앉아 있던 눈에 띄지 않는 지극히 평범한 학생으
로만 기억할 것이다.

　이렇듯 학업에는 무관심했지만 스포츠는 아주 좋아했다.
나의 모든 시간과 생각은 온통 농구에 집중되어 있었다. 내가
속한 팀은 매일 몇 시간씩 공을 넣는 연습과 함께 달리기와 웨
이트 트레이닝을 했으며 주말마다 다른 대학과 번갈아서 오
가며 경기를 했다. 홈그라운드에서 경기가 열리는 주에는 주

말에 있을 게임을 위해 일찍 자고 영양가 있는 음식을 섭취하는 등 특별히 더 신경 썼다. 한동안 나를 훌륭한 농구 선수로 알고 있는 사람들에 둘러싸여 살았던 내가 스스로를 선수라고 생각했던 것도 무리는 아니었다.

대학을 졸업한 후에는 잠시 직장에 다닌 적도 있지만 일은 정말이지 끔찍했다. 시작한 지 5분도 채 되지 않아 머릿속에 떠오른 생각은 '어휴, 진짜 못하겠네'였다. 공부하는 것도 지겨웠지만 직장 생활도 그에 못지않았다.

여전히 학문에는 흥미가 없었지만 그래도 몇 년 더 취직을 미루면서 시간을 보낼 요량으로 다시 학교로 돌아왔다. 내가 공부하는 운영과 정보 관리가 앞으로 내가 되고자 하는 농구 코치라는 직업과 아무런 관련이 없다는 사실은 전혀 신경 쓰이지 않았다. 그 당시 나는 톰 데이비스Tom Davis 박사를 귀감으로 삼고 있었는데, 그는 아이오와주립대학의 남자 농구부 코치로 스포츠인들은 언제나 그를 '톰 박사'라고 불렀다. 나도 그와 마찬가지로 박사 학위를 가진 여자 농구부 코치가 되어 프랜시스 박사로 불려야겠다고 마음먹었다.

그러던 어느 날 사건이 발생했다. 교내 리그에 참가해 경기를 하던 도중 무릎에 부상을 입은 것이다. 부상이 꽤 심해서 세 차례에 걸쳐 수술을 받아야 했고 정신적으로는 더 심각한 타격을 입었다. 더 이상 선수로서 성공할 수 없다는 생각이 들자 '젠장, 이제 대체 무엇을 해야 하는 거지?'라는 좌절감에 빠졌다.

그러나 내가 원한 것은 선수가 아니라 코치가 되는 일이었다. 농구 코치라면 무릎이 좀 부실해도 얼마든지 할 수 있지 않은가? 그럼에도 불구하고 당시의 상실감은 매우 깊었다. 수년간 나 자신을 통째로 걸고 매달렸던 일이 순식간에 무너져 내린 사건이었다. 마치 나에게 남아 있는 것이 아무것도 없는 듯한 기분이 들었다. 세 번의 수술을 받으면서 아주 거대한 위기가 닥쳐왔음을 깨달았다. 나는 미래의 청사진을 변경해야만 했다. 그렇지만 그 전에, 지난 시간들과 농구가 내게 어떤 의미였는지에 대해 생각해보기 시작했다.

그동안 좋은 체격을 지닌 농구 선수로서 경기도 꽤 잘했기 때문에 그 시간에 대한 후회는 없었다. 그렇지만 여태껏 많은 기회를 받고도 감사한 적이 없었고 심지어 제대로 즐기지도 못했다. 또한 선수로서의 능력이 언젠가는 끝이 나는 유한한 것이라는 사실을 이해하지 못했던 나는 한때의 경험이 순간에 불과하다는 것을 깨달은 사람들처럼 살지 못했다.

그때의 나는 대학팀의 소속 선수들 중에 친한 친구조차 한 명도 없었는데, 그 이유는 내가 경기장 밖에서 다른 선수들에게 아무런 관심도 가지지 않았고 그들과 친해지려는 노력도 전혀 하지 않았기 때문이다.

나는 그 시기에 타인의 충고를 절실히 바라고 있다는 사실을 깨달았다. 누군가가 나를 한쪽으로 불러내서 "앞으로 너에게 주어진 경기는 80회 정도뿐이야. 수많은 경기와 그 모든 순간들 그리고 득점의 기쁨은 네 머릿속에 영원히 새겨지겠지. 그렇지만 되돌릴 순 없어. 지금 이 순간을 절대 당연하게 생각하지 마"라고 말해주었더라면. 다만 아무도 내게 그런 말을 해주지 않았고 나는 매우 혼란스러운 상태였다. 나는 누가 무슨 말을 하더라도 수용할 준비가 되어 있었으며 그 훈계로부터 큰 영향을 받을 생각까지 하고 있었다. 한마디로 무엇이라도 되겠노라 벼르던 참이었다.

그런데 바로 얼마 후, 두 가지의 중요한 일이 일어났다. 첫 번째는 나에게 새로운 지도교수님이 배정된 것이었다. 새로운 지도교수님은 지금까지 만나온 교수님들과는 매우 다른 사람이었다. 팻 교수님은 자상하고 호기심이 많았으며 자신의 연구뿐만 아니라 학생들의 과제에 대해서도 열정적이었다. 나는 여전히 학교를 좋아하지 않았지만 이런 생각이 들었다. '이분은 내 영웅이야. 나도 교수님처럼 되고 싶어!'

두 번째는 나에게 학생들을 직접 가르쳐볼 수 있는 기회가 온 것이었다. 나는 딱 한 번, 어렵고 복잡한 대학원 과정을 복습하는 수업을 맡게 되었는데 과목을 듣는 수강생의 상당수가 내용을 이해하지 못하고 있었다. 그래서 강의를 하기도 전에 걱정이 몰려왔다. '아무도 강의실에 들어오지 않을 거야. 온다고 해도 곧 나가버리겠지.'

학교와 공부에 열정이라고는 전혀 없는 내가 수업을 이해하지 못하는 수많은 대학원생에게 무엇을 해줄 수 있단 말인가? 당시 나는 정말로 아무런 대책이 없었다. 그런데 강의실에 들어선 그 순간, 모든 것이 달라졌다.

나에게는 '다른 사람들이 이해하지 못하는 것이 무엇인지를 정확하게 파악하고 이해하는 재주', 즉 그들이 어느 지점에서 이해의 실마리를 놓치고 혼란에 빠지는지를 세밀하게 잡아내는 능력이 있었던 것이다. 이것은 나로서도 뜻밖의 능력이었다(그 후 나는 이런 능력이 가르치는 일의 핵심 과제 중 하나라는 사실을 깨달았다. 그것은 학생들이 무엇을 모르는지를 바로 파악하지 못하는 사람들이 볼 때는 타고난 재능이었다). 학생들이 과속방지턱에 걸려 부딪혔을 때, 나는 어떤 방법으로 학생들이 멈춰 선 길로 들어가서 어떻게 장애물을 넘어야 하는지 잘 알고 있었고 그 후에는 쉽게 그들을 이해의 길로 이끌었다. 오히려 지식의 폭이 좁았기 때문에 헤매는 학생들의 마음을 누구보다 잘 이해할 수 있었다고 할까.

나는 이러한 내 안의 놀라운 능력을 깨달았고 이를 '15분의 기회'라고 부르기 시작했다. 100명의 학생들을 위해 나에게 주어진 15분 동안, 나는 며칠씩 공을 들여 얻을 수 있는 어떤 대단한 성과보다도 더욱 큰 결과를 만들어낼 수 있었다. 내가 교수가 되겠다고 결심한 것은 바로 그 순간이었다. 나는 그때 이후로 계속해서 학생들을 가르치고 있다.

나는 서로 다른 두 가지의 우연으로 인해 교수가 되었다. 어느 날 갑자기 사고를 당해서 앞으로 당연히 이루어지리라고 생각했던 미래를 잃어버렸고, 또 우연한 기회에 복습 강의를 맡으면서 내가 정말로 원하는 미래를 향해 인생의 방향을 틀게 되었다.

단 한 번의 강의를 하고 난 후에는 모든 일에 가속도가 붙었다. 학생들로부터 좋은 평가를 받았고, 더 많은 과목을 가르치게 되었으며, 무사히 박사 학위도 받았다. 학위를 받은 후에는 다른 대학의 강사로 일하다가 몇 년 후에 하버드대학으로 돌아왔다. 사실 나는 하버드로부터 세 번이나 거절을 당한 경험이 있다. 학부와 대학원 과정 그리고 교수직까지. 그래서 나중에 하버드에 채용되었을 때에는 어찌나 기쁘던지 부모님에게 전화로 알린 것은 물론이고 심지어 대학의 로고가 새겨진 티셔츠도 샀다.

교수의 길로 들어선 일이 우연한 계기에 의한 것인지도 모르지만 그 과정이 순조롭지만은 않았다. 요즘도 가끔씩 농구를 하던 때를 떠올리는데 그때는 정말로 감사함을 느끼지 못했다. 당시의 우연한 사건들은 직업을 결정하는 데만 영향을 미친 것이 아니라 삶의 태도까지 완전히 바꾼 것이 분명하다.

교수가 된 요즘, 운동을 하던 과거의 내가 보지 못했던 것을 학생들에게 알려주고 싶은 마음이 간절하다. 그들이 나처럼 무릎 부상이나 정체성의 위기 같은 일들을 겪지 않고도 지금 이 순간이 곧 지나가버린다는 사실을 인식하고 현실에 감사하기를 바란다.

또한 오직 자기 자신만 겪을 수 있는 순간의 경험을 즐기기를 바란다. 특히 아주 많은 가능성을 제공하는 학교에서의 경험들을 소중히 여겼으면 한다. 매일 듣는 다양한 수업과 배우고 성취할 수 있는 수많은 기회가 지나고 나면 학교에서의 경험은 끝이 난다. 교수나 강사들은 이 시기의 학생들이 세상 밖으로 나가기에 앞서 많은 것을 배우도록 돕는 사람이다. 즉 나는 학교가 제공하는 무궁무진한 가능성을 뚜렷하고 분명하게 만들어주는 임무를 맡고 있다. 따라서 나는 학생들이 학교와 동료 교수들이 만들어놓은 기준을 따라야 한다는 방침 하에 수업을 진행하고, 그들이 시간을 낭비하거나 수업을 당연한 것으로 생각하지 않도록 주의시킨다. 학생들은 수업에 적극적으로 참여해야 하며 주어진 순간을 마음껏 경험해야 하는 것이다.

자, 학생들이 강의실로 들어온다. 그러나 그들은 자신이 마주하고 있는 기회의 본질을 항상 꿰뚫고 있는 것은 아니다. 강의실에는 총명하고 공부에 열성적인 여든다섯 명의 학생이 있다. 그들은 의견을 발표하고, 그로써 반 전체의 학습이 원활하게 이루어지도록 도우며, 서로를 예의 바르게 대한다. 그것은 최고의 경험이지만 늘 겪을 수 있는 것은 아니며 오직 잠시 동안일 뿐이다. 내일 아무리 열심히 노력한들 지금 이 순간을 다시 겪을 수는 없기 때문이다. 이 수업은 정확하게 80분이라는 수명을 지니고 있어서 그 시간이 다 지나면 학습과 토론 그리고 친구들과 함께하는 순간은 영영 사라져버린다. 그런데 일부 사람들은 이 사실을 기억하지 못하고 때때로 게으름을 피운다.

간혹 학생들이 피곤한 기색으로 강의실에 들어오거나 무신경하게 게임기만 아니면 뭐든 강의실에 가지고 와도 괜찮다고 생각하는 경우가 있다. 그러면 나는 곧장 다가가서 그가 지금 있는 장소가 어디이고 무엇을 하는 곳인지 일깨워준다. 학생들이 이슬렁거리며 수업에 늦게 들어오거나, 질문에 답하지 못하거나, 멍한 표정으로 앉아 있을 때도 빠르게 다가가 그들의 주의를 환기시킨다.

최근에는 한 학생이 먹을 것을 들고 강의실에 들어온 적이 있었다. 그때 우리는 발표를 하고 있었는데, 그는 자리에 앉더니 주위를 둘러보면서 태평스럽게 커피를 마시고 베이글을 먹는 것이 아닌가. 또 그는 베이글을 먹는 사이사이 턱을 받친 팔꿈치로 책상을 쿵쿵 찍어 소리를 내는가 하면, 간간이 옆자리에 앉은 학생에게 소곤거리기까지 했다.

그의 행동이 다른 수업에서는 용인될 수 있을지도 모르겠으나 내 수업에서는 있을 수 없는 일이다. 이 수업은 학생이 직접 참여해야 하는 자리일뿐 아니라, 다른 사람의 참여로부터 배우는 시간이므로 모든 이가 타인의 말을 집중해서 들어야 하기 때문이다.

일단 나는 다른 학생들의 발표가 이어지는 동안 조용히 그 학생이 앉아 있는 곳까지 걸어갔다. 그리고 바른 자세로 집중할 수 있도록 그의 의자를 부드럽게 바로잡아주었다. 그렇게 함으로써 그 또한 수업의 일원이며 적극적인 참여자가 되어야 한다는 사실을 상기시켰다.

수업은 모든 학생들에게 단 한 번만 주어지는 게임이다. 그러므로 나는 정신적·정서적인 측면뿐만 아니라 모든 면에서 그들이 '지금' 게임 중이라는 사실을 확인시켜주려고 노력한다. 예전에 누군가가 나에게 해주었으면 하고 바랐던 것을 지금 내가 학생들에게 해주려고 하는 것이다.

물론 학생들이 나의 수고에 대해 언제나 고마워하는 것은 아니다. 얼마 전, 한 여학생이 수강 과목들에 대해 친구와 나눈 이야기를 들려준 적이 있는데, 한 친구는 내 과목을 듣는다는 여학생의 말에 대뜸 이렇게 말했다고 한다.

"내가 듣기로 프레이 교수님은 완전히 독종이라던데."

나는 깜짝 놀랐다. 누가 나에 대해 그렇게 말했다는 것도,

그 말을 내 앞에서 그대로 전하는 것도 믿을 수 없었다. 다시 그녀에게 이렇게 물어보았다.

"그래서 자네는 뭐라고 말했나?"

그러자 여학생이 대답했다.

"글쎄요……. 뭐, 그런 거 같다고 했죠."

그 대답은 나를 더 기절초풍하게 만들었다. 그 이유는 나를 비판해서가 아니었다. 내가 교수로서 일하는 방식 그리고 수업을 통해 제공하려는 것 등에 대한 학생들의 시각이 나와는 완전히 달랐기 때문이다.

물론 내가 사실을 부드럽고 완곡하게 표현하는 다른 사람들에 비해 아주 직설적으로 말한다는 점은 인정하며, 일부 학생들 사이에서 깐깐한 교수로 정평이 나 있다는 것 역시 잘 알고 있다. 다섯 살 짜리 아들을 둔 어떤 학생은 아이가 나를 "무서운 교수님"이라고 부른다고 말하기도 했다. 그래도 그렇지, 독종이라니 말도 안 된다.

나는 단지 수업 시간에 친절하려고 노력했을 뿐이다. 나의 의도는 학생들이 과거의 내가 했던 것과 똑같은 실수를 되풀이하지 않도록 도우려는 것이다. 그들에게 주어진 하나밖에 없는, 소중하지만 금방 지나가버릴 인생의 한 페이지를 그저 당연한 것으로 받아들이지 않도록 말이다.

여러 가지 면에서 강의실이라는 환경은 당신이 미래에 몸담게 될 여러 상황들과 다르지 않다. 스포츠팀의 구성원이 되어 경기를 하고, 사업을 추진하고, 창업을 하고, 가정을 꾸릴 때 등 모든 구성원은 당신의 능력과 행동, 인간적인 모습에 대해 높은 기대를 할 것이다.

나는 당신에게 사람들의 기대를 따르라고, 또 그 기대에 부합하기 위해 노력하라고 말하고 싶다. 학생 시절에 비유해서 표현하자면 수업 준비를 철저히 해서 앞자리에 앉으라고 말해주고 싶다. 그것은 분명 다시 오지 않는 특권이다.

나아가 당신이 더 높은 자리에 오르고 사람들을 이끌 기회가 주어진다면 그것은 영광스러운 일이다. 그렇게 되면 주변의 기대를 충족시키기 위해 당신에게 주어지는 모든 기회를 소중히 여기고 감사해야 한다.

그리고 나는 당신이 여기서 한 걸음 더 나아갈 것을 권한다. 본인만의 15분의 기회를 찾아라. 최대의 효과를 낼 지점을 발견해라. 이는 학생을 가르치는 일이나 글을 쓰는 일이 될 수도 있고, 아니면 팀을 구성하거나 관리하는 일, 상담이나 조언을 하는 일이 될 수도 있다. 그것을 도구로 삼아 당신에게 주어진 높은 기대와 특권을 넘어서 더욱 앞으로 나아가기를 바란다. 그리고 다른 사람들에게도 가능성이라는 선물을 주어라. 그들이 목표에 도달하고 성취할 수 있도록 북돋우고, 노력하게 하고, 할 수 있는 일을 직접 해내도록 만들어라. 그렇게 함으로써 당신은 사람들에게 지금 이 순간이 영원하지 않다는 사실과 수업, 프로젝트 등 주어지는 모든 기회들이 얼마나 소중한지 이해시킬 수 있을 것이다.

끝으로 이 책을 읽는 순간도 한번 지나기면 다시는 돌아오지 않는 소중한 시간이다. 이 소중함을 깨닫고 당신만의 무기를 찾게 되길 바란다.

Remember who you are

티머시 버틀러

심리학자이자 직업 개발 프로그램을 맡고 있는 교수. 평소에는 진지하고 조용한 성격으로 진로를 고민하는 학생들에게 늘 친절한 태도를 유지하는 반면, 자신의 연구에 대해 말할 때만큼은 흥분과 확신에 찬 모습을 보인다.

함께 일하고 싶은
능력자들의 특징

다이애나의 어깨는 축 늘어져 있었다. 내 사무실 의자에 앉은 그녀는 지독한 상실감에 시달리고 있었으며, 여태껏 열정을 쏟았던 모든 일들이 자신에게 맞는지조차 확신할 수 없게 되었다고 말했다.

그녀는 소비재를 생산하는 유명한 회사의 직원으로 채용되어 잘 알려진 브랜드를 시장에 내놓는 일을 맡았다. 처음 몇 주 동안 제품에 대한 연간 사업계획서를 준비하기 위해 판매 자료를 검토한 결과, 그녀는 그 제품이 어느 특정한 고객층에 제대로 광고가 이루어지지 않고 있다는 사실을 알게 되었다. 전과 다른 방식으로 제품을 내놓으면 보다 폭넓은 홍보 효과를 창출할 수 있지 않을까? 새로운 길로 향한 문은 열려 있었고 그녀는 그 문 뒤에 더 높은 매출이 놓여 있을 거라고 생각했다.

다이애나는 즉시 계획을 평가하는 복잡한 과정에 돌입했다. 숫자들과 씨름하고 고객 자료를 검토하여 경쟁사들을 조사했다. 자신의 예감을 지원하는 다양한 분석과 더불어 대중 매체를 통해 브랜드 이미지를 멋지게 부각시키는 새로운 방법을 짜내느라 사무실에서 긴긴 밤을 보냈다.

고된 하루하루를 보내면서도 그녀는 자신이 그 어느 때보다 활기가 넘치고 일에 대한 기대로 고무되어 있음을 발견했다. 몇 주 동안 그녀는 본인이 직장에 속박되어 있다는 생각이 전혀 들지 않았고 오로지 순수한 열정과 가능성으로 의욕이 넘쳐흘렀다.

제출한 계획서에 대한 의견을 듣기 위해 상사의 사무실로 들어갔을 때, 계획서는 종이로 만든 파일에 끼워져 책상 위에 놓여 있었다. 상사는 침착하게 의자 등받이에 몸을 기대고는 그녀가 자리에 앉을 때까지 기다린 다음 용건을 말했다. 그는 분명한 말투로, 계획서는 상당히 공들여 작성된 것이지만 노선이 완전히 빗나가 있다고 지적했다.

상사는 오랫동안 높은 위치를 지키고 있는 제품은 우연히 그 자리에 오른 것이 아니며, 그녀가 세운 새로운 광고 계획이 회사에 위험을 초래할 수도 있다는 생각은 하지 못했느냐고 지적했다. 또한 그녀의 임무는 시장 조사를 하고, 기존 계획의 세부적인 문제들을 검토하고 무엇보다 20년 이상 정확한 방향으로 순조로운 항해를 하고 있는 배의 방향키를 한 치도 움직이지 않는 것이라고 말했다. 예상치 못한 상사의 꾸중으로 인해 그녀는 완전히 낙담하고 말았다. 그리고 몇 주 후, 직업 상담을 받기 위해 나를 찾아왔고 얼마 지나지 않아 결국 회사를 그만두었다.

그녀가 퇴사를 함으로써 회사는 무엇을 잃었을까? 그것은 아무도 알 수 없다. 분명 그 회사조차 이런 질문은 던져본 적이 없을 것이다. 그러나 그녀의 이야기를 듣는 동안, 나는 펄떡이는 에너지와 비즈니스를 개발하고 성장시키는 다이애나만의 특별하고 놀라운 재능을 엿볼 수 있었으므로 그녀를 잃음으로써 회사가 굉장한 기회를 놓친 것이 분명하다는 생각이 들었다.

나는 심리학자이자 직업상담사이다. 지난 20년간 내가 만나온 수천 명쯤 되는 수많은 사람들 중 상당수는 자신의 직업

115

이 타고난 적성과 잘 맞지 않는다는 사실을 발견했다. 그들은 직업이 가져다주는 부와 특권 혹은 가족의 찬성이라는 매혹적인 노랫소리에 이끌려 잘못된 직장에 발을 들여놓고 다시 원하는 길로 돌아가게 해달라고 나에게 도움을 청했다.

그러나 다이애나는 다른 경우이다. 그녀는 자신이 원하는 분야와 회사, 부서를 잘 선택한 유형으로 이 세 가지 조건이 모두 완벽한 조화를 이루고 있다. 그런데 가장 중요한 네 번째 조건에서 문제가 발생했다. 자신의 직업과 일을 만족스럽게 만들어주는 '관리자'를 만나지 못한 것이다. 이런 경우 문제가 되는 대상은 바로 위의 상사나 경영자로, 그들이 가지고 있는 권력과 권한의 이임 등에 대한 태도가 걸림돌이 된다. 다이애나와 같은 사람들은 일을 스스로 해냈다는 성취감을 가질 수 없을 때 본래 갖고 있던 열정마저 잃게 되기 때문이다.

어쩌면 지금 어느 회사의 직원인 당신은 자기 자신을 다이애나와 똑같은 처지라고 생각할지 모른다. 그렇지만 나는 앞으로 리더가 될 당신에게 한번 입장을 바꿔 생각해보라고 부탁하고 싶다.

당신이 그녀의 상사라고 가정해보자. 당신은 회사를 위해 다이애나가 지닌 능력을 원할까? 그녀의 능력을 어떻게 알아보고 어떻게 이를 펼치도록 도울 것인가? 어떻게 다이애나가 일에 몰두하도록 격려할 것이며 열정이 계속 타오르도록 만들 것인가?

이런 질문들에 대답하기 위해서는 다음과 같은 조치를 취해야 한다. 우선 리더로서 당신은 부하 직원의 직업적 발전을 최우선으로 생각해야 한다. 그래야 회사와 리더, 직원 모두가 발전할 수 있다. 경영자인 당신은 조직을 생산적으로 만들어야 하는 책임을 맡고 있음을 명심해야 한다. 이는 반론의 여지가 없다. 이때 직원을 고용하거나 해고하는 등의 각종 결정은 회사와 자기 자신 또는 가족을 위해 일하는 사람들의 심리적·경제적 안정에 영향을 미칠 것이 자명하다.

또한 상하관계가 있는 모든 조직에서 그렇듯이, 당신은 인간이 일을 하게 만드는 강력한 동기 유발제인 '두려움'을 발생시켜서 그것을 이용할지도 모른다. 설령 그 두려움이 아무리 베일에 가려져서 보이지 않는다 하더라도 (그것이 해고에 대한 직접적인 위협이든, 회의에서 망신을 당하지 않을까 전전긍긍하는 마음이든) 이는 부하 직원들로 하여금 당신이 원하는 일을 하도록 만들 것이다.

나는 많은 조직의 다양한 위치에 있는 관리자들을 알고 있는데 그들은 관리의 기본 도구로 '위협'이라는 장비를 사용했다. 비록 그 사실을 솔직하게 인정하는 사람은 없었지만. 사실 두려움과 통제는 동기를 부여하는 데 중요한 역할을 한다. 통제는 강자의 의도를 따르도록 약자의 행동을 변화시킬 때 필요한 것으로, 종종 미묘하고 겸손한 방법으로 이루어진다.

통제라는 단어는 듣기 좋은 말로 쓰일 때도 있지만 경멸적인 표현으로도 널리 쓰인다. 예를 들어 우리는 종종 "그는 상황을 잘 통제해"라고도 하고 "그는 통제광control frea(모든 상황을 자신이 통제해야 직성이 풀리는 사람)이야"라고도 말한다. 통제는 항상 제재라는 위협을 동반하며 두려움을 시종처럼 거느리면서 새로운 시각이나 의지의 다양성을 금지시킨다.

그렇지만 통제라는 카드를 꺼내 쓰기 전에, 나는 당신이 인간의 동기부여에 대해 진정으로 잘 이해하고 있는 것이 맞냐고 묻고 싶다. 두려움과 통제가 사람들로 하여금 최선을 다하게 할 수 있을까? 당신은 사람들이 일을 열심히 하는 이유가 고과에서 낮은 점수를 받을까 봐, 상사의 질문에 대답하지 못할까 봐, 동료보다 진급이 늦을까 봐, 혹은 절대 권력자를 실망시킬까 봐 두려워서라고 생각하는가? 정말 수치심이 최고의 동기 유발제일까?

아니면 개인의 특별한 노력은 '욕망'으로부터 오는 걸까? 자신이 하는 일이 너무 재밌다거나, 지금 해야 할 과제가 밖으로 표출되기를 기다리고 있는 내부의 창조적 에너지와 만난다면 일을 더 잘할 수 있을까? 그러면 직장에서 창의적인 일을 할 때 모든 것을 걸고 최선을 다하는 걸까? 반대로 창조적인 통찰과 열정적 에너지를 펼칠 수 없을 때는 어떤 것을 잃고 마는 것일까?

이런 질문들에 너무 빠르게 대답하지는 마라. 문제는 아주 복합적이다. 높은 평가를 받는 일부 경영자들은 두려움과 수치심이 효과가 있다는 강력한 증거를 제시하기도 한다. 그들은 어떤 직원에게 무제한의 자유가 주어졌을 때, 자원과 시장의 기회를 탕진해버리는 값비싼 실수를 저지르는 것은 물론이고, 경영자의 확고한 통제가 없었을 때 나타난 여러 비효율적인 사례들을 제시한다.

그렇지만 당신의 아래에 있는 직원의 능력을 최대한으로 이용하고 싶다면 통제를 포기하고 당신이 지닌 권력을 어느 정도 희생해야 한다. 두려움을 경영의 도구로 사용하는 것 역시 단념해야 한다. 만약 다이애나 같은 직원이 가능성 있고 실현 가능한 비전을 가지고 있다면 상사인 당신은 그 직원의 일을 통제하는 것을 포기해야 한다. 그녀는 그녀 나름대로 일을 추진하는 스타일이 있으며 파트너들이나 고객들과 대화하고 소통하는 방식이 있다. 또 보고서를 처리하고 회사의 돈을 사용하는 본인만의 방법이 있는 것이다.

진정한 의미의 위임이란 누군가에게 당신의 아이디어를 집행하라고 떠맡기는 것이 아니라 '다른 누군가'의 아이디어가 실제로 실현되도록 돕는 것이다. 그 사람이 본인의 비전에 알맞은 방식으로 일할 수 있도록 해야 한다.

윗사람으로부디 힘을 부여받은 당사자는 맡겨진 상황에서 새로운 현실을 만들어내기 시작할 것이다. 그렇게 되면 다이애나 같은 직원은 노력의 결과물을 비로소 소유하게 되고, 만들어낸 창작물에 대한 책임감을 느끼게 되어 매일매일의 업무들을 마치 자신의 분신처럼 생각하게 될 것이다. 이는 그녀를 더욱더 진취적으로 만들 것이다. 그녀가 직장에서 더 많은 에너지를 투자해서 보다 큰 영역을 만들어낸다는 의미이다.

직원이 확장한 그 영역은 변화를 일으킬 것이고 나아가 회사의 사업까지 더 확장할 것이다. 이 모든 것은 당신이 먼 미래를 보고 당장의 통제를 포기했기 때문에, 회사 업무가 직원의 두려움에 의해서가 아닌 긍정적인 비전에 의해 추진되었기 때문에 가능한 일이다.

역설적이게도 두려움을 경영 도구로 사용하는 것을 포기할 때 당신은 부정적인 결과를 맞이하게 될까 봐 두려움을 느낄지도 모른다. 특히 혼란을 싫어하는 성공적이고 안정된 조직에서 일한다면 그 결과가 너무나 값비싼 대가로 느껴질지도 모른다.

그렇다면 모든 일이 올바른 방향으로 나아가리라는 것을 어떻게 미리 알 수 있을까? 사실 직원들은 재능이나 판단력이 부족할 수도 있다. 자신의 능력과 동기를 과대평가하고 있을지도 모른다. 또는 아예 비전이 없을 수도 있고 노력을 기울이지 않을 수도 있다.

'만약 일이 잘못되기라도 한다면? 그러니까 윗사람의 말을 들어야 해. 책임은 상사인 내가 져야 하잖아' 하는 반발심이 생길지도 모른다. 어쩌면 그 생각이 맞을지도 모른다. 다이애나의 상사는 오랫동안 비즈니스에 몸담아 일해온 사람으로서 깊은 통찰력을 가진 직장인이자 회사의 자산을 지킬 줄 아는 현명한 수호자임이 분명하다. 그녀의 제안에 퇴짜를 놓고 통제를 행사하는 태도는 회사의 이익을 지켜내기 위한 최선의 선택일 수도 있다. 당신이라면 다이애나와 같은 직원을 신뢰할 수 있을까? 그렇게 해도 정말 아무 문제가 생기지 않을까?

통제를 포기하고, 권한을 위임하며, 직원이 또 다른 사업을 개발하도록 허락하는 것은 사실 '다양성'과도 관계 있다. 그것은 생각을 바꾸어 기존과 다른 관점으로 보는 것이다. 우리는 다양성이라는 말을 주로 인종이나 종교, 성, 국적, 성적인 취향의 차이로 생각한다.

그러나 여기서 말하는 다양성이란 이것과는 다른 의미로, 당신이 보고 경험하는 것과 다른 방식으로 보고 경험하는 사람의 입장에서 사물과 세상을 이해하는 다양성을 뜻한다. 이런 의미의 다양성을 존중한다는 것은 다른 사람이 비즈니스의 일부분을 자신의 의지대로 이끌어가는 것을 허락하고 통제를 중지한다는 뜻이다.

그렇지만 이러한 다양성이 늘어나서 회사에 이익을 안겨주게 하려면 당신은 리더의 큰 도전 과제들 중 하나에 직면하게 될 것이다. 그것은 분석적이라기보다는 본질적이고 직관적인 과제이다. 먼저 당신은 진심으로 사람들을 이해해야 하고 직원들과 공감할 수 있는 관계를 형성해야만 한다. 여기서 공감이란 그저 까닭 없이 배려를 베풀라는 것이 아니라 '진정한 내면을 느끼는 능력'을 갖추라는 뜻이다.

리더로서 당신은 직원들 각자가 지닌 독특한 에너지를 느낄 수 있도록 노력해야 하며 그들의 에너지가 어느 분야에서 잠재력을 드러내는지 인식해야 한다. 훌륭한 관리자는 직원들의 의욕과 가능성을 발견할 수 있는 사람으로서 그들에 대해 잘 알고 있다. 또한 그들로부터 풍부한 자원을 끌어내고, 그들이 지닌 열정을 회사에 유용하게 사용할 수 있도록 유도하는 동시에 그들이 자기 자신에 대한 자부심을 키울 수 있게 고양시키는 역할까지 한다. 이것이 바로 진정한 의미의 직업적 발전이다.

사실 이런 주제에 대해서는 늘 의견이 분분하다. 카를 마르크스Karl Marx는 자본주의가 노동의 의미로부터 노동자들을 소외하고 분리시키며 그것이 개별 노동자들을 더욱 깊이 속박한다고 주장했다. 그는 경영자가 통제를 포기하는 것은 모순이므로 자본주의와 고용인들의 진정한 직업적 성장은 선천적으로 공존할 수 없는 정반대의 명제라고 생각했다. 과연 그의 말이 옳은 것일까? 이에 대한 답은 실제로 회사에서 인생을 경험하고 있는 사람들만이 알 수 있을 것이다.

나는 관리자들이 직원 개개인의 열정을 발견하고 인정하는 매우 생산적인 회사를 만들 수 있다고 믿는다. 또한 통제와 두려움을 동기부여라는 교묘한 방식으로 위장하지 않고도 마르크스가 지적한 폐단을 몰아낼 방법이 반드시 존재한다고 믿는다. 자, 이러한 과제를 떠맡을 수 있겠는가?

먼저 본인의 기존 생각부터 바꾸는 것이 중요하다. 무조건 윗사람인 내가 옳다는 고정관념을 버리는 태도, 쥐고 있는 권력을 포기하겠다는 의지, 타인에게 권한을 위임하겠다는 넓은 포부, 깊은 공감이라는 핵심 기술이 있다면 당신과 함께 일하는 사람들은 직장에서 진정한 의미와 열정을 발견할 수 있을 것이다. 그리고 분명 그들은 당신을 위해 일하고 싶어 할 것이다.

Remember
who
you are

토머스 J. 들롱

....

조직행동 분야를 가르치는 교수. 하버드대학에서 학생들을 가르치는 것 외에도
세계 각지에서 경영 교육 프로그램을 강의하고 있는 그는 사람들의 능력을 관리
하고 계발하는 문제에 대한 비범한 통찰을 조용하면서도 강하게 전달한다.

오늘 만난 카페의 종업원과
눈을 마주쳤는가?

딸아이 캐서린이 열한 살이던 그해 여름, 아이는 나에게 오토바이를 타고 러시모어산에 데려가달라고 졸랐다.

우리 가족은 그때 유타주에 살고 있었고 러시모어까지 가는 것은 아주 긴 여정이었기 때문에 잠시 망설였다. 특히 어린 아이에게는 더 힘든 여행이 될 것이 분명했다. 와이오밍주를 가로질러서 사우스다코타주까지는 무려 3,000킬로미터나 가야 했고 다시 돌아오는 거리도 생각해야 했다.

또한 해야 할 일들을 며칠 동안이나 미루어야 한다는 사실도 마음에 걸렸다. 나는 대학에서 일하면서 학과 관리와 연구, 강의 등으로 매우 바빴고 그 일들은 한결같이 진이 빠지는 어려운 것들이었다. 교수로서의 삶이란 무엇인가를 끝냈다는 상쾌한 기분을 느끼고 싶은 마음을 포기해야 하는 것과 같다. 언제나 작성해야 할 글이 남아 있고 앞으로 가르쳐야 할 수업을 준비해야 한다.

그럼에도 불구하고 딸은 고집을 부렸고 러시모어산의 기념비를 보려는 생각에 잔뜩 마음이 부풀어 있었다. 게다가 긴 여행 중 힘들어도 떼쓰지 않고 잘 참아내겠노라고 다짐까지 한 터였다. 결국 나는 캐서린을 데리고 여행을 가기로 결정했다. 그런 결심을 한 이유 중 하나는 아이의 시야를 넓혀주기 위해서였다. 나는 아버지가 곁에 있는 상황에서 아이가 다양한 사람을 만나고 경험을 쌓을 수 있게 해주고 싶었다.

우리가 사우스다코타에 있는 동안 '스터지스 모터사이클 랠리' 행사가 열렸다. 이 경주는 오토바이 애호가들을 위해 해마다 열리는 세계적인 행사로, 그때마다 러시모어산과 마을에 수십만 대의 오토바이가 가득 들어찬다. 이곳에서는 모든 것을 볼 수 있다. 오토바이를 탄 할머니들과 검은 가죽 의상을 쪼르르 맞춰 입은 가족들 그리고 수십 년간 오토바이를 타온 반백의 남성들까지……. 그들은 모두 자신이 사랑하는 일을 기념하기 위해 스터지스라는 작은 마을에 집결한다. 이 행사는 일주일 내내 이어지며 근처 벌판에 세워진 수십 개의 텐트는 문신을 새기려는 사람들로 문전성시를 이룬다.

여행을 하는 동안, 캐서린은 이와 같은 놀라운 광경을 목격할 때마다 나에게 질문을 퍼부으며 이것저것 꼬치꼬치 캐물었다. 그중에서도 나를 놀라게 했던 질문은 바로 러시모어산에 대한 것이었다. 다른 관광객 몇 명과 함께 건축물 앞에서 조지 워싱턴George Washington과 토머스 제퍼슨Thomas Jefferson, 시어도어 루스벨트Theodore Roosevelt, 에이브러햄 링컨Abraham Lincoln의 거대한 조각상들을 바라보고 있을 때 아이는 다음과 같이 물었다.

"아빠, 저 사람들은 어떻게 대통령이 된 거예요?"

"모두 용기 있는 분들이었단다"라고 나는 제법 확신에 차서 말해주었다. 그들은 위험을 무릅쓰고 남을 도왔으며 무엇보다 타인의 삶을 변화시킨 사람들이라고도 설명했다.

그러자 딸이 대뜸 "그럼 아빠도 누군가를 변화시키는 일을 하나요?" 하고 묻는 것이 아닌가.

이 단순한 질문에 나는 깜짝 놀랐다. 아이의 물음에 쉽게 대답할 수 없었다. 과연 내가 다른 사람들의 삶을 변화시키는 일을 하고 있을까? 어떤 방법으로, 어떻게? 옐로스톤과 그랜드티턴 국립공원의 바위투성이 산과 빽빽한 숲을 지나 집으로 돌아오는 내내 딸과 나누었던 대화를 곰곰이 생각해보았다.

캐서린의 질문으로 여행의 본래 취지는 바뀌었고 나아가 내 삶도 조금 바뀌게 되었다. 내가 추구하는 타인의 변화가 정확히 어떤 종류이며, 어떻게 이를 이룰 수 있는지에 대해 진지하게 고민하게 된 것이다.

이를 통해 내가 원하는 삶은 곁에 있는 모든 사람들이 새로운 행동을 시도하고 그들 스스로와 속한 조직에 긍정적인 영향을 미칠 수 있는 기회를 만들어주는 것이라는 생각이 들었다. 그리고 나의 일상적인 행동을 통해 모두가 변화의 기회들을 잡을 수 있기를 원했다. 나는 매일매일 사람들과 관계를 맺고, 말하고, 행동하는 방식을 통해 많은 이들의 성장을 돕고 싶었다. 또한 그들이 더욱 자신감 넘치고, 원하는 목적을 이루는 사람이 될 수 있도록 이끌고 싶었다.

내가 사람들에게 긍정적인 영향을 미치고 싶어 한다는 사실을 깨닫고 나자 앞으로 어떤 조치를 취해야 하며, 그러한 조치를 취하는 데 필요한 방법에 대해 생각해야 했다. 더불어 나 자신에게 두 가지 질문을 해야만 했다. 이후로 나는 나와 비슷한 생각을 하는 학생들과 관리자들 그리고 고위 경영자들에게도 이 질문들을 하게 됐다(내가 이런 질문들을 하면 학생의 경우 대체로 나를 빤히 바라보고 경영자들은 불편한 듯 자리에서 몸을 비튼다).

첫 번째 질문, 사람들은 당신에 대해 어떻게 생각할까?

두 번째 질문은 좀 더 복합적이다. 사람들은 당신과 함께 있을 때 자기 자신에 대해서 어떻게 생각할까?

여기에서 중요한 것은 당신이 사람들에게 무슨 '말'을 하느냐가 아니라, 당신이 그들에게 말할 때 그들 '내부'에서 무슨 일이 발생하는지를 이해하는 것이다. 대화를 나눈 뒤 다른 사람들은 무슨 생각을 하고 무엇을 느낄까? 아무리 작은 변화라 하더라도 교류를 나눈 후에 사람들이 자기 스스로를 어떻게 인식하게 됐을까?

예를 들어 살아가면서 타인과 나누는 전형적인 상호작용에 대해 생각해보자. 그것은 아주 짧고 일상적인 만남이다. 당신은 출근길에 오늘 해야 할 일과 중요한 프리젠테이션에 대한 생각으로 머릿속을 가득 채운 채 잠시 커피를 사기 위해 가게로 들어선다. 그곳에서 매일 아침 만나는 종업원이 건네주는 종이컵을 받아든 후, 돈을 지불하고 나오지만 그동안에도 머릿속은 내내 해야 할 일의 목록을 작성하느라 분주하다.

자, 커피를 건네준 그 종업원이 당신에 대해서 어떻게 생각할지 앞선 행동을 바탕으로 한번 예상해보자. 당신은 종업원을 다정하게 대했는가? 고맙다는 인사를 건네고 미소를 지었는가? 아니면 말 한마디 없이 컵을 받아들고 눈길조차 마주치지 않았는가? 그런 짧은 만남 속에서 종업원은 자기 자신을 어떻게 생각했을까? 인정받는 느낌이 들었을까, 아니면 타인의 눈에 띄지 않는 하찮은 존재로 느끼지 않았을까? 이렇듯 사소한 행동 하나가 누군가에게 어마어마한 영향을 미치게 된다.

다른 사람들에게 긍정적인 영향을 미칠 기회들은 가정뿐만 아니라 직장에 이르는 우리의 삶 곳곳에 가득 퍼져 있다. 어떤 직원이 며칠씩 야근을 한 끝에 완성한 프로젝트를 들고 당신에게 검토를 받으러 왔다고 가정해보자. 대화가 끝난 후, 그가 자부심과 당신의 전문적인 견해로부터 한 수 배웠다는 뿌듯함을 느끼며 활기찬 걸음으로 돌아가는가, 아니면 당신의 무관심한 태도에 상심해서 힘없이 돌아가는가? 당신이 고된 업무를 마치고 지친 모습으로 집에 왔을 때, 배우자는 당신을 어떻게 인식하고, 또 자신은 어떻게 인식할까? 문을 열고 들어서며 당신이 던진 첫마디에 자신이 사랑받고 가치를 인정받는 존재이며 당신 삶의 중심에 있는 사람이라고 생각할까, 아니면 반대로 무뚝뚝한 태도에 위축이 될까? 지금껏 당신은 타인의 삶이 어떤 모습으로 달라지게 해왔는가?

우리에게는 매일 마주치는 모든 사람들의 삶을 더 행복하게 만들고, 그들이 자기 자신에 대해서 더욱 긍정적인 생각을 가지게 할 수 있는 놀라운 힘이 있다. 그렇지만 막상 이러한 힘을 실제로 발휘하기란 그리 쉽지 않다. 이는 앞의 두 가지 질문을 빠르게 훑어보는 것만으로는 불가능하다는 뜻이다. 보다 진지하고 체계적으로 접근해야 할 필요가 있다.

먼저 컴퓨터를 켜고 엑셀을 열어 스프레드시트spreadsheet(표에 숫자나 문자 자료를 입력하고 이를 조작하여 자료를 처리하는 프로그램)부터 작성해보자. 살면서 만나는 모든 사람을 한번 목록으로 적어보라. 가족은 물론이고 직장 동료, 친구 등등 빠짐없이 적는다. 그리고 이 목록을 이용해서 한 달 동안 그들 각자와 교류하는 시간이 어느 정도이며 구체적으로 어떤 종류의 교류를 나누고 있는지 상세히 작성해보라. 정리가 끝난 후에는 어떤 식으로 패턴이 그려지는지 검토한다.

어쩌면 당신은 일상적으로 무심하게 한 친구와의 점심 약속을 계속 미루면서 매일 극소수의 동료 몇 명과 점심을 먹고 있을지도 모른다. 사무실의 안내 직원에게는 퉁명스러운 태도로 일관하고, 집에서 저녁 식사를 할 때에도 혹시 사무실에서 중요한 이메일이 오지 않았을까 하는 생각으로 마음은 늘 회사에 가 있을지도 모른다.

캐서린과의 여행 이후 나는 수년에 걸쳐서 이 방법을 개발하고 다양한 환경에 적용해보았다. 당시 나는 모건 스탠리사의 개발부장으로 일하면서 인적 자원에 대한 전략을 세웠는데, 한번은 큰 부서의 책임자인 고위 경영이사에게 이 방법을 사용해보라고 추천한 적이 있다.

4주 후, 그는 기록한 노트를 들고서 매우 놀란 모습으로 다시 나타났다. 그는 정리를 통해 회사에서 보내는 대부분의 시간 동안 자기가 상대하는 직원이 전체의 20퍼센트에 불과하다는 사실을 발견했다. 그는 최상의 성과를 올리는 직원들에게는 칭찬을 아끼지 않았고, 눈에 띄게 뒤떨어지는 직원들은 성과를 북돋우기 위해 격려를 하면서 나름대로는 노력하고 있었다.

그렇지만 그의 보고서에는 중간 그룹인 나머지 80퍼센트의 직원에 대한 이야기는 빠져 있었다. 다시 말하자면, 매일매일 회사에 출근해서 가끔씩 밤샘 근무까지 해가며 부서가 제대로 돌아가도록 만드는 장본인이자 맡은 일에 최선을 다하는 평범한 직원들은 무시되고 있었던 것이다. 경영이사는 성공적인 부서를 만들기 위해 노력하는 과정에서 자신도 모르게 수많은 직원들을 향해 '당신은 나의 주의를 끌 만큼 중요하지 않은 존재'라는 메시지를 보낸 셈이다.

이 방법을 통해 자신에게 어떤 문제가 있는지 인식한 그는 행동을 바꾸기 시작했다. 일하는 방식을 재정비했고 시간을 모든 사람에게 공평하게 분배해 썼다. 또 직원들이 보다 높은 목표에 도달할 수 있도록 그들을 칭찬하고 격려했으며 동기를 부여했다. 이로써 그는 자신이 이전에는 에너지를 쏟을 대상으로 생각조차 하지 못했던 곳에서도 작은 변화를 만들어 낼 수 있음을 깨닫게 되었다. 경영이사의 작은 깨달음 하나로 조직은 긍정적으로 바뀌기 시작했다.

자신이 타인에게 미치는 영향에 대해 주의 깊게 관심을 가지기 위해서는 어느 정도의 섬세한 노력이 필요하며 그것은 생각보다 어려운 일이다. 동시에 이는 중대한 일들을 처리하는 데 중점을 두고 오직 자신의 성공만을 추구하면서 사회적으로 성과를 거두는 것에 온 신경을 집중하는 우리의 기질에 맞지 않는 일이기도 하다. 우리는 하루 종일 이어지는 자질구레한 만남 속에서 타인의 삶에 영향을 주고, 그들을 긍정적으로 바꿀 수 있는 무수한 기회를 접하지만 매번 그 기회를 스스로 날려버린다.

평소 우리가 관심을 가지는 것은 오직 자기의 삶뿐이다. 성공을 증명해줄 업적들, 예를 들어 상장과 학위, 연봉, 직위 등등 자랑할 수 있는 겉치레에만 신경 쓴다. 그렇지만 본인의 목표와 의제, 이를 입증하겠다는 생각에 사로잡혀 있는 동안 세상을 바라보는 시각은 좁아진다. 두 눈에는 오직 자신의 다음 성공만이 보일 뿐이다. 이번 학기에 좋은 학점을 받았다면 곧바로 다음 학기에는 우등생 명단에 들겠다고 계획한다. 올해 처음으로 보너스를 받으면 어느새 내년의 보너스 액수를 궁금해하고, 부사장으로 승진한 다음에는 언제 사장이 될지 예상하기 바쁘다.

성공을 바라는 습관은 중독이 되고, 우리는 항상 더욱 많은 성공을 원하며 끊임없이 자신의 가치를 증명하고 싶어 안달한다. 그렇게 자신의 경력과 성취만 바라보느라 주변에서 끊임없이 일어나는 작은 기회들을 매번 놓치고 마는 것이다. 결국 타인의 삶에 영향을 미치는 크고 작은 기회를 만나는 것이 점점 어려워지고, 이익이 곧바로 눈에 보이지 않는 기회들을 개인의 야망보다 먼저 생각하기는 더더욱 어려워진다.

이제 당신은 성공의 정의를 다시 내려야 할 필요가 있다. 그렇게 하면 높이 솟은 바위 표면에 얼굴이 새겨지지 않고서도 훨씬 뛰어난 인물이 될 수 있다. 나는 당신이 성공을 측정하는 기준을 바꾸기를 바란다. 자신의 이력서를 얼마나 휘황찬란하게 만들었느냐가 아니라 타인에게 어떤 영향을 미쳤는지, 주위 사람들의 삶을 어떤 식으로 달라지게 했는지, 그들로 하여금 어떻게 자신의 삶을 변화시키도록 도와주었는지를 기준으로 삼아라. 바위에 새겨지는 성공을 하겠다는 생각을 버림으로써 진정한 삶을 살아가는 것이다.

처음에 내가 캐서린을 오토바이에 태우고 여행을 떠난 이유는 아이의 시야를 활짝 열어주기 위해서였다. 그런데 정작 시야가 넓어진 사람은 바로 나 자신이었다. 딸아이의 작은 질문 덕분에 그때의 짧은 여행은 평생의 긴 여정이 되었다.

3장

[새로운 시각]

당신은 지금
어디에 서 있는가

자이 자이쿠마르

'등산'이 천직인 산업공학 분야의 전문가. 하버드 경영대학에 교수로 부임한 이래
언제나 편안한 수업 분위기로 학생들을 맞이했다. 53세의 나이로 천직을 수행하
던 중 에콰도르에서 자연사했다.

실패에서
배우는 방법

나는 늘 산에 오르는 것을 좋아했다. 고국인 인도에서 살았던 어린 시절에도 종종 첸나이에 있는 집을 떠나 열정을 불태우기 위해 북쪽으로 향하곤 했다. 등산은 나의 '천직'이었다

대학생이 되어서도 1년에 거의 4개월은 내가 천직이라고 부르는 일을 하는 데 시간을 보냈고 나머지 8개월은 공학도로 살았다. 등산 실력이 점점 향상되는 것이 느껴졌으며 이윽고 세계에서 가장 높은 고원이자 인도의 경계를 이루고 있는 히말라야산맥을 오르고 싶었다.

벌써 수십 년도 더 지난 그때, 나는 히말라야산에서 특별한 경험을 했다. 그것은 나의 삶을 위협했고 또한 변화시켰으며 특권과 책임의 관계를 기반으로 새로운 가치관이 형성되었고

나를 완전히 새로운 인생으로 이끌었다.

몇십 년 전 어느 여름날, 나는 등산 동호회에서 만난 매우 친했던 한 친구와 해발 7,300미터 높이의 히말라야산 정상에 서 있었다. 그때는 오후 네 시였고 어느덧 해가 산봉우리를 넘어갈 무렵이 되어 장관을 만끽할 시간은 많이 남지 않은 상황이었다.

앞서 우리의 등반은 새벽 두 시에 고지대 캠프를 출발하면서 시작되었고 길은 예상보다 더 험했다. 원래는 정상에 도착하지 못하더라도 밤이 되기 전에 안전하게 캠프로 돌아오려는 계획을 세웠고, 일단 오후 한 시가 되면 산을 내려오기로 정했다. 그런데 막상 한 시가 되자 앞으로 또 며칠을 기다려 정상에 다시 도전해야 한다고 생각하니 영 마음이 내키지 않았다. 우리는 둘 다 젊고 건강하며 숙련된 등반가라는 자신감 하나로 끝까지 가보기로 했다.

그러한 굳건한 다짐과 정신에 대한 보상으로 우리는 산 정상에 서서 아래를 내려다보는 영광을 누릴 수 있었다. 그러나 곧 시간이 얼마 남지 않았음을 깨달았고 짧은 축하 의식을 치르자마자 서둘러 하산을 준비했다. 점점 희미해지는 빛 속에서 아이스픽ice-pick(얼음을 잘게 부술 때 쓰는 송곳)을 두드려 땅을 확인하면서 조심스레 움직였다.

내려오는 길은 특히 위험한 산등성이를 따라 나 있었는데, 표면에는 바람으로 인해 코니스cornice가 형성되어 있었다. 이는 벼랑 끝에 얼어붙어 매달려 있는 눈과 얼음층을 말한다. 안타깝게도 등반가들은 코니스의 아래쪽이 어떤 구조로 이루어져 있는지, 코니스가 아래의 땅 표면을 벗어나서 공중으로 얼마나 돌출되어 있는지, 혹은 얼마만큼의 무게를 지탱할 수 있는지에 대해 가늠할 수가 없다. 그러한 위험을 아주 잘 알고 있었기에 나와 친구는 서로를 묶고 있던 밧줄을 풀었다. 이제 우리 중 한 명이 벼랑으로 떨어진다고 해도 상대방까지 죽음으로 끌고 가는 일은 발생하지 않을 것이다.

내가 먼저 앞장서서 조심스럽게 움직였다. 막 다음 발걸음을 내딛으려는 순간, 큰 폭발음 소리가 들렸다. 우리는 본능적으로 서로 다른 방향으로 각각 몸을 날렸고 코니스는 산산이 부서져 아래로 떨어졌다.

가파른 경사면에 착지하게 된 나는 아주 잠시 동안 단단한 땅의 감촉을 느끼며 안도했다. 그러나 지형이 너무 가파른 나머지 이내 발이 미끄러지면서 그대로 나자빠지고 말았다. 순식간에 거의 시속 100킬로미터의 무시무시한 속도로 험준한 경사면에서 미끄러지기 시작했다.

전문 등반가 수준의 교육을 받은 나는 위기가 발생했을 때의 행동 요령을 숙지하고 있었다. 산에서 추락하는 사이, 혹시라도 피켈pickel(빙벽 등반 시 사용하는 도구)처럼 날카로운 물건이 몸을 찌르는 것을 방지하기 위해 갖고 있던 불필요한 장비들을 모두 던져버렸다. 기적적으로 의식만은 놓지 않고 있었던 나는 식료품이 잔뜩 들어 있는 배낭을 비롯하여 다른 소지품도 모조리 버렸다. 그럼에도 불구하고 어마어마한 추락 속도를 줄일 수는 없었다. 이따금 나타나는 눈더미로 인해 속도가 줄어들지 않을까 하고 기대했지만 별 소용이 없었다. 내 몸은 그저 눈을 뚫고 거세게 추락할 뿐이었다.

산을 올라올 때 봤던 앞을 불쑥불쑥 가로막던 각종 표식들과 부딪히지 않기만을 바라며 내가 어디로 떨어지고 있는지 행적을 표시하기 위해 눈과 얼음 속으로 발을 힘껏 찔러넣었다. 그렇게 계속 미끄러지면서 지면과의 마찰로 인해 입고 있던 옷은 너덜너덜해졌고 피부도 찢어졌다.

마침내 경사가 끝나는 지점에 도달하자 내 몸은 하강을 멈추었다. 무려 3킬로미터 정도의 울퉁불퉁한 경사면을 따라 미끄러졌으니 수직거리로 계산해보면 약 1킬로미터 이상을 내려온 셈이었다. 정신이 반쯤 나간 채로 누워 비바람으로부터 몸을 보호해줄 유일한 보호막인 등산복이 완전히 찢어졌다는 사실을 깨달았다. 살갗이 벗겨져 몸은 피투성이가 되었고 상반신 역시 거의 맨몸이나 다름없었다. 그렇지만 뇌진탕의 충격과 정신이 멍한 상태로 고통은 그다지 심하게 느껴지지 않았다.

시간은 계속해서 흘렀고 어둑한 밤이 되었다. 극심한 추위에 이대로 노출됐다가는 큰일이 나겠다는 생각이 들어 천천히 몸을 일으켜 세웠다. 그때 찾아온 고통은 이루 말할 수 없을 정도였다. 어떻게든 미끄러지는 속도를 줄이려고 몸에 잔뜩 힘을 주었던 터라 다리에 무리가 왔고 엉덩이 관절과 발의 고통 또한 극심했다. 추락하면서 내던진 소지품들도 함께 아래로 떨어졌기를 바라며 주위를 둘러보았지만 음식이 담긴 작은 가방 하나를 빼고는 아무것도 보이지 않았다. 같이 있던 친구 역시 보이지 않았다.

등반을 하기 전 지도를 자세히 살펴본 덕에 직감적으로 현재 등산로를 벗어나서 엉뚱한 방향으로 굴러떨어졌음을 깨달았다. 캠프가 있는 지점에서 완전히 반대편의 산자락에 도달한 것이었다. 이런 몸으로 험준한 지형을 다시 올라간다는 것은 불가능 그 자체였다. 정신을 잃기 전에 아래쪽으로 내려가 대피소를 찾는 것만이 유일한 살 길이었다. 마을로부터 얼마나 떨어진 곳에 있는지 전혀 모르는 상황에서 나는 그냥 걷기로 했다. 더 이상 걸을 수 없을 때까지 무작정 걷기로.

내려가는 길 역시 결코 만만치 않은 힘든 코스였다. 상처를 입지 않고 장비를 제대로 갖춘 온전한 상태라고 해도 말이다. 정상적인 상태였다면 약 여섯 시간 정도 걸리는 거리였지만 나는 거의 스물네 시간을 꼬박 걸어야 했다. 쉬어야 할 때에는 걸음을 멈추고 가만히 서 있거나 커다란 바위에 기대어 서 있었다. 주저앉았다가는 다시 일어서지 못할지도 모른다는 무서운 생각이 들었기 때문이다. 밤낮으로 걷기만 한 그 시간을 어떻게 묘사해야 할까. 끔찍한 외로움과 공포, 뼈를 깎는 듯한 고통과 추위 그리고 문득문득 친구가 죽었을지도 모른다는 절망감…….

그때 갑자기 멀리서 개 짖는 소리가 들려왔고 정신이 번쩍 들었다. 그것은 어딘가에 사람이 있다는 신호가 분명했다. 힘 겹게 걸어서 작은 골짜기에 이르렀다. 희미하게 사람들의 목소리와 아이들의 웃음소리가 들렸다. 당시 들었던 웃음소리는 인간이 들을 수 있는 가장 달콤한 소리였으며, 그 생각은 지금도 변함이 없다.

나는 걸음을 멈추지 않았고 마침내 어느 공터에 다다랐다. 공터 한가운데에는 작은 오두막 한 채가 있었다. 안도하는 마음과 기진맥진한 몸 때문에 그 자리에 쓰러져버렸고, 나중에 깨어나 보니 마흔 살 정도로 보이는 체구가 작은 여인이 나에게 음식과 물을 먹여주고 있었다. 그녀는 내 몸에 난 상처를 닦아주면서 알아들을 수 없는 언어로 말하고 있었다. 아마도 내가 넘어지는 소리를 듣고 무슨 일인가 살펴보려고 밖으로 나왔을 것이고 쓰러져 있는 나를 발견했을 것이다. 찢어진 옷과 신발에, 온몸이 피투성이인 채로 쓰러진 한 외국인을.

나는 일어나려고 했지만 도통 몸을 움직일 수가 없었다. 발은 퉁퉁 부어올랐고 엉덩이는 몸의 무게를 견디지 못할 정도로 약해져 있었다. 몇 시간 동안 꼼짝하지 못한 채 누워만 있던 나는 여인이 떠먹여주는 물과 음식을 삼키면서 그녀에게 산의 반대편에 있는 캠프로 가야 한다는 것을 몸짓으로 힘겹게 설명했다. 그렇지만 현재의 상태로 산행을 계속할 수 없다는 것은 우리 둘 모두 잘 알고 있었다. 사실 고통은 갈수록 더 심해졌고 나는 기어서도 움직이지 못할 정도였다.

그런데 놀랍게도 그녀가 나를 산 아래의 이웃 마을까지 데려다주겠다고 설명했다. 그녀는 나를 등에 업고 오두막에서 나와 150미터 정도를 걸은 후 쉬기 위해 나를 땅에 내려놓았다. 그녀는 물을 조금 마셨고 나에게도 물을 건네주며 목을 축이게 했다. 그리고 나서는 나를 다시 업고 걷기 시작했다. 이런 식으로 우리는 걷고 쉬기를 무려 약 사흘간 계속했다.

마침내 이웃 마을에 도착하자 여인은 그곳의 지방 관리자를 찾아가 나를 당나귀에 태워 병원이 있는 큰 마을까지 데려다줄 것을 간곡히 부탁했다. 수차례의 대화 끝에 그녀는 마침내 그들의 약속을 받아냈다. 여인은 내가 안전하게 여행을 할 것이라는 확신이 들 때까지 곁을 떠나지 않았고 나중에 내가 그녀가 보여준 친절과 관대함에 비용을 지불하겠다는 것도 거절했다. 오로지 내가 안전해졌다는 사실 하나만으로 만족한 듯한 여인은 간단하게 인사한 후 다시 돌아갔다.

곧이어 나는 당나귀를 타고 다시 여행길에 올랐다(맹세코 이는 나의 목숨을 구해준 여인의 등에 업혀 여행했던 것에 비해 훨씬 더 힘든 여정이었음을 고백한다). 이틀에 걸쳐 병원을 찾아가는 동안 나는 모든 상황을 보다 멀리서 관망해보았다. 안온해 보였던 삶이 실은 얼마나 부서지기 쉬운지, 처한 환경 역시 한순간에 얼마나 극적으로 바뀔 수 있는지를 깨달았다. 그리고 나를 구해준 여인의 관대함이 과연 어디서 비롯된 것인지도 생각해보았다. 우리가 말 한마디 나눌 수 없는 아주 먼 사이였음에도 불구하고 그녀는 이방인에게 조건 없는 엄청난 도움을 베풀었다.

이런 생각에 깊이 빠진 사이 드디어 병원에 도착했다. 외과 의사는 나를 보자마자 깜짝 놀랐다. 몸을 샅샅이 살펴본 그는 엉덩이뼈가 부러졌고, 양쪽 발바닥 모두 가운데가 심하게 파였으며, 다른 상처도 상태가 아주 심각하다고 말했다. 그나마 다행스럽게도 치료를 하면 나아질 것이라고 덧붙였다.

나중에 알게 된 안타까운 한 가지 사실은 함께 등반했던 친구는 나처럼 운이 좋지 않았다는 점이었다. 그는 실종 상태였고 결국 사망한 것으로 추정되었다. 내가 우려했던 최악의 상황이 벌어진 셈이었다.

몸은 예상보다 빠르게 회복되었지만 나는 그날의 추락과 잇달아 일어난 사건들에 대한 생각을 멈출 수가 없었다. 우연에 의해 끔찍한 고통의 순간에서 구출되었다는 사실은 나로 하여금 산과 산 아래에서 오랫동안 나를 따라다녔던 행운에 대해 깊이 생각하도록 만들었다.

치료를 받는 동안 내가 얼마나 운이 좋은 사람인지를 곰곰이 떠올려보았다. 코니스가 무너질 때 순간적으로 무너지지 않은 단단한 땅으로 발을 옮긴 것이 행운이었고, 추락한 후에 길의 방향을 잘 선택한 것 역시 행운이었으며, 오두막을 발견한 것과 그곳의 주인이 친절한 사람이었던 것도 엄청난 행운이었다. 그리고 몸이 회복되는 것도 행운이었다.

게다가 행운은 추락했던 그 시기에만 국한된 것이 아니었다. 운은 내 삶이 시작된 초창기부터 죽 이어져 오고 있었다. 어린 시절 나를 길러준 다정한 부모님과 가족들, 내가 받았던 특별한 교육, 사랑하는 친구들과 동료들…… 이 모든 것들이 행운과 연결되어 있었다. 나는 내가 이룬 모든 성공이 온전히 나만의 것이 아니라 타인의 온정과 행운으로부터 온 것이며 그런 성공 안에는 '의무'가 있다는 것을 깨달았다.

나를 구해준 여인에 대한 감사의 마음을 떨쳐버릴 수 없었기 때문에 추락 사고가 일어난 후 1년이 지나지 않은 시점에 다시 그녀를 찾아가서 어떻게든 빚을 갚아야겠다는 생각이 들었다. 그러나 알다시피 돈은 그녀에게 중요한 것이 아니었다.

그 순간, 내가 잠시 머물렀던 곳이 다른 마을로부터 많이 떨어져 있고 기타 편의시설도 거의 없었다는 사실이 생각나면서 좋은 아이디어가 떠올랐다. 바로 마을에 '학교'를 짓는 것이다. 어린아이들에게 교육을 받을 수 있는 기회를 줌으로써 마을 사람들에게 '또 다른 행운'을 선물하는 것은 어떨까?

이후 몇 개월간, 나는 학교 설립 비용과 교사들의 월급 등을 마련하기 위해 자금을 모았다. 학교를 짓겠다는 생각은 점점 마음속에 일종의 사명감으로 자리 잡았다. 산에서 추락한 이후 30여 년의 세월 동안 나는 미국으로 이주했고, 대학원 학위를 받았으며, 제조과학 분야의 전문가로 일했고 교수가 되었다. 그와 동시에 외딴 마을에 학교를 세우고 이를 운영하기 위해 자금을 모으는 일을 멈추지 않았다. 물론 산을 오르고 또 오르는 일도 멈추지 않고 계속했다.

산에 대한 열정은 나를 어느 특별한 봉우리로 올라가게 했다. 그리고 추락은 내가 보다 '높은 곳'에 가닿을 수 있도록 도와주었다. 그 사건으로 인해 나는 세상을 바라보는 새로운 눈을 가지게 되었고, 그 경험을 수많은 학생들에게 들려주면서 삶의 조언도 함께 나눌 수 있었다.

나는 지금 이 글을 읽는 당신이 어떤 사람인지도, 어떤 위치에 있는지도 모르지만 내가 말할 수 있는 단 한 가지는 분명하다. 언제나 모든 일에 감사하라. 그리고 조급해하지 마라.

물론 가정과 직장 등에서 힘든 일들이 닥쳐올 때는 스트레스가 극심할 수 있다. 그렇지만 당신이 가정과 직장에서 어떤 위치에 있든 간에 편안한 마음으로 삶을 즐기고 만사에 고마워하기를 바란다. 삶이 괴로울 때마다 당신이 세상에서 얼마나 행복한 위치에 있는지 그리고 헌신적인 스승이나 아낌없이 사랑을 쏟아주는 부모님을 만남으로써 얼마나 커다란 행운을 받아왔는지 떠올리며 스스로 돌아봤으면 좋겠다.

무엇보다 생각지 못한 큰 행운을 만나게 됐다면 마음속에 자연스레 생겨날 책임감에 대해 감사하라. 성공은 행운에서 비롯되며, 의무는 성공에서 비롯됨을 잊어서는 안 된다. 언젠가 타인에게 행운을 선물한다면 당신은 '인생에서 가장 높은 봉우리'에 오르게 될 것이다.

Remember
who
you are

제프리 F. 레이포트
....

하버드대학에서 박사 학위를 받았고 수십 년간 하버드 경영대학에서 학생들을
가르친 교수. 그가 맡았던 전자상거래는 선택과목이지만 2학년 학생들의 절반
정도가 수강한 인기 과목이었고, 그는 학생들이 뽑은 '훌륭한 교수님'에 3년 연속
으로 선정되었다.

확신을 가져라,
당신의 생각이 정답이다

나는 1990년대 초반부터 하버드대학에서 2학년 선택과목으로 '온라인 시장 관리' 수업을 가르쳤다. 이 과목은 미국 최초의 MBA 전자상거래 수업이라는 영예를 누렸다.

인터넷으로 이루어지는 모든 일이 그렇듯이, 이 과목도 처음에는 기술이 경영을 획기적으로 바꾸어 놓을 거라는 믿음을 가진 소수의 몇 명만 수강하는 작은 강의로 시작했다. 시간이 흐르자 수강생들이 점점 늘어났고 차츰 경영학과 학생들은 《포천Fortune》에서 선정한 500대 기업, 이름만 들어도 아는 큰 규모의 회사에 취직하기보다는 자신이 직접 창업 전선에 뛰어들어 본인만의 사업을 펼치는 것을 꿈꾸게 되었다.

물론 이제는 벤처가 한물간 것으로 여겨지나 이는 비즈니스 역사상 중요한 발전임에 틀림없다. 불과 몇십 년 전만 해도 사람들은 '인터넷이 모든 걸 완전히 바꿀 것'이라고 말하긴 했지만 실은 정말로 그렇지는 못했다. 그러나 그 당시에는 나름 대로 새로운 아이디어가 무궁무진했고 (일부는 지속적인 힘이 있었고 일부는 그렇지 못했지만) 그보다 더욱 많은 답변 없는 어려운 질문들이 존재했다.

예를 들자면 이런 것들이다. 지구상의 거의 모든 곳에 편재하면서 모든 사람을 연결시킬 수 있는 전 세계적인 네트워크가 비즈니스에 어떤 영향을 미칠까? 네트워크로 연결된 비즈니스들은 회사와 고객에게 더 효율적인 서비스를 제공하기 위해 어떻게 진화할까? 새로운 경제에 관한 수많은 질문이 있었으나 막상 이것들이 실제로 경영자에게 어떤 의미를 지니는지에 대해 아무런 답을 얻지 못한 상황에서, 미래에는 비즈니스가 과거와는 비교되지 않을 정도로 급격하게 변화할 것이라는 막연한 기대 외에는 알 수 있는 것이 거의 없었다. 이와 함께 정확한 결론을 이끌어낼 수 있는 믿을 만한 증거도 부족한 상태였다.

인터넷 관련 사업 아이디어들이 《비즈니스위크BusinessWeek》의 머리기사를 잇달아 장식했고, 비즈니스와 관련된 눈부신 기술들은 우리의 눈앞에서 빠르게 전개되었으며, 거품 많은 주식 시장은 안정된 기업들과 탄탄한 회사들을 설득해서 사업설명서에 '인터넷'이라는 말이 들어가는 모든 벤처 기업에 자금을 대라고 유인했다. 이 모든 현상은 한결같이 보다 큰 잠재적인 보상을 약속하면서 지금까지의 어떤 세대보다 더 많은 기회를 누릴 수 있음을 보여주었다.

그러나 어두운 면도 존재했다. 쌍방향 미디어와 네트워크는 새로운 기술만큼이나 매력적이었지만 시간이 흐르자 탐욕과 냉소주의를 비판하는 목소리가 커지기 시작했다. 탐욕은 지나치게 후한 보상 때문이었고, 냉소주의는 비즈니스 모델이 반짝 부상했다가 이내 사라져버리고 마는 속도 때문에 이 혁명에 지적·도덕적 핵심이 결여되고 있다고 여겨졌기 때문이었다. 어떤 사람들은 이를 '거품'으로 바라보며 대중적인 착각인 동시에 군중의 광기가 만들어낸 생생한 환영이라고 생각했고, 또 다른 이들은 이를 가장 기초적인 기업 본능에 이끌려 결국 잘못된 방향으로 가고야 마는 사기 행각쯤으로 판단했다.

기회를 잡아서 실제로 무엇인가를 해내기 위해서는 용기가 있어야 한다. 이를테면 소란과 열광에서 과감하게 빠져나오는 용기, 기술에 입각하여 지속적인 가치를 창출할 수 있는 새로운 모델을 만들어내는 용기이다. 이를 발휘하기 위해서는 인내심, 성실성, 자신감 같은 내부의 나침반과 더불어 세상을 긍정적으로 변화시키겠다는 진정한 욕구가 필요하다. 이는 난해하고 때로는 극단적으로 불확실한 조건 속에서 올바른 결정을 내릴 수 있도록 도와주는 역할을 한다.

다만 오늘날 변화의 속도는 이전에 비해 엄청나게 빨라졌으며 세계는 한층 더 혼란스러워졌다. 의사결정 시에 이전까지는 가능했을지도 모르나 지금은 정확히 알 수 없는 확실성을 기대하는 것은 이제 허황된 꿈이 되어버렸다.

이런 도전 과제들을 생각해보면 이따금 내가 하버드대학의 학부생이었을 때 치렀던 한 기말고사가 떠오른다. 약간의 문학적 허구를 섞어서 그날의 경험을 되살려보겠다.

대학교 2학년 2학기, 나는 소질과는 무관한 동물학 강의를 신청해 들었다.

이 과목을 수강하게 된 이유는 잘 기억이 나지 않는다. 엄지와 검지를 이용해서 물건을 잡고 꼬리로 고리를 만드는 여우원숭이를 비롯하여 그와 비슷한 다른 영장류에 대해 예전부터 경탄을 금치 못하고 있긴 했지만 그 외에는 동물학과 관련해서 내세울 만한 어떤 흥미도 없었기 때문이었다. 또한 생명과학이 흥미롭다고 해도 앞으로 하려는 일과 사실상 전혀 무관한 분야라는 사실도 확실히 알고 있었다. 그러므로 그 과목을 선택한 것은 무모한 젊음 때문이었거나 당시의 다른 수업 시간 배정 때문에 생긴 어쩔 수 없는 선택이었던 듯하다.

일단 그것은 그렇다 치고, 나는 그 수업에서 온갖 야생동물의 속屬과 종種을 연구하는 것은 물론이고 이글거리는 눈빛의 대학원생들로부터 생명체와 화석, 그 밖의 다른 동물들의 잔해를 공부하는 데 인생을 할애하는 것이 어떤 의미인지 배우게 되었다.

시간이 흘러 마침내 기말고사를 치르는 순간이 다가왔다. 우리는 당시 대학에서 필기시험을 치르는 가장 큰 장소인 메모리얼홀 안에 있는 휴게실로 몰려갔다(현재 그곳은 신입생 전용 식당으로 쓰인다). 그곳은 학교 출신의 남북전쟁 전사자들을 기리기 위해 벽돌과 돌로 건축한 대성당처럼 생긴 건물 내에 있는 넓은 방이었는데 벽과 바닥은 나무판으로 되어 있었다. 휴게실의 한쪽 끝에는 무려 1,000명 이상이 앉을 수 있는 반원형의 계단식 교실이, 반대쪽 끝에는 미식축구 경기장 크기의 홀에 500명 정도는 너끈히 수용할 수 있는 책상들이 빼곡히 들어차 있었다.

참고로 그곳은 쾌적함과는 거리가 멀어서 이따금 동창회의 만찬 장소로 쓰이지 않는 이상, 처음 대학에 와서 어떻게 사회적 관계를 시작해야 할지 겁먹은 신입생들을 맞이하고 혼을 쏙 빼놓는 다양한 동아리 활동을 소개하거나 시험을 보는 장소 정도로 활용되었다.

그때 내가 메모리얼홀에서 치른 시험을 생각해보면 '규모의 경제'라는 용어가 절로 떠오른다. 대학 측은 최대한 여러 과목의 시험을 치르는 학생들을 끌어모은 다음, 그 커다란 공간에서 한꺼번에 장장 네 시간에 걸친 시험을 치르게 했다. 당시 우리는 '블루북'이라는 청색 표지로 된 노트에 논술 답안을 작성했다. 그때만 해도 개인용 컴퓨터는 무려 소형 냉장고와 맞먹는 크기였으므로 폭넓게 사용되지 못했다.

그날의 시험 감독은 '감독 박사'라고 불리던 한 남자로, 소문에 의하면 그는 G-17의 늙은 대학원생이라고 했다. G-17은 은어인데 그가 17년 전 박사과정에 입학했지만 아직까지 논문을 쓰지 못해서 학위를 받지 못하고 있다는 뜻이었다.

하버드와 같이 연구를 중심으로 한 대학교에는 그런 사람들이 종종 있다. 그들이 자신의 기구한 운명에 대해 씁쓸한 기분을 느끼는 것은 어느 정도 이해가 간다. 감독 박사는 밝은 미래와 함께 혜택이 있는 삶을 보장받은 하버드대학의 학부생들을 기쁜 마음으로 대할 수 없었을 것이다.

그가 자신의 가학적 성향을 노출시키기 위해 별도의 자극을 필요로 하지는 않는 듯했다. 우리 대부분은 감독 박사가 스스로 원해서 거의 해마다 시험 감독을 하고 있으며 특히 그가 중세와 다름없는 척박한 환경 속에서 수많은 학생을 괴롭힐 수 있는 기회를 만끽하고 있다고 믿었다. 내가 중세라고 말했는데 이보다 더 정확한 표현은 없을 것이다.

나는 감독 박사를 1학년 때도 만난 적이 있다. 며칠 동안 눈보라가 쏟아져서 학교가 온통 눈으로 뒤덮인 적이 있었는데, 하필 그렇게 추운 날 메모리얼홀에서 시험을 치르게 된 것이다. 혹한의 추위가 몰아닥친 데다가 하필 홀 내부는 난방이 되지 않았으므로 실내 온도 역시 차갑기는 마찬가지였다. 그 추운 날에도 감독 박사는 엄청난 양의 땀을 흘리면서 본인의 열기를 식힐 요량으로 출입구의 문을 활짝 열어놓았다. 열린 문으로 눈보라가 홀 내부까지 불어닥쳤고 눈발마저 휘날렸다. 혹독하게 차가운 바람 속에서 낭만주의 시인들에 대해

장문의 에세이를 쓰던 것이나, 바람에 날아온 눈송이가 뱅뱅 돌다가 블루북 위로 내려 앉아 잉크가 번지던 장면이 지금도 기억에 생생하다. 몇몇 학생이 항의했지만 감독 박사를 설득할 순 없었다. 그는 경멸의 눈길을 보내며 우리를 비웃을 뿐이었다.

감독 박사는 바글바글 모여앉은 학생들과 일정한 거리를 유지하고 무솔리니가 흡족할 만큼 요란한 음향 기기를 이용하여 시험의 시작과 끝을 알리는 일을 했다. 그럴 때면 그는 스탠드 위에 달린 마치 수십 년도 더 전에 만들어진 깃처럼 보이는 무선 마이크를 꼭 움켜쥐고 거기에 대고 말을 했다. 중간중간 학생들에게 시간이 얼마나 경과했는지를 알려줄 때에도 그 장치를 사용했다. 그러나 그 간격이 너무 짧고 소리가 지나치게 시끄러운 나머지 오히려 학생들의 원성을 샀다. 그는 마이크를 사용하지 않는 동안에는 홀의 구석에 놓인 책상에 앉아서, 의자 뒤쪽에 놓아둔 큰 플라스틱 병에 담긴 콜라를 집어 벌컥벌컥 마시며 적의에 가득 찬 눈으로 시험 중인 학생들을 노려보곤 했다.

이런 환경에서 동물학 시험을 본다는 것은 납득할 수 없는 일이었다. 동물학 강의를 듣는 수강생은 겨우 스무 명에 불과

했고 그 커다란 홀에서 우리는 고작 두 개의 짧은 테이블을 차지했을 뿐이었다.

어쨌거나 시험은 시작되었고 감독 박사가 막 첫 번째 문제를 마이크로 불러줄 참이었다. 그때 대학원생인 우리 반의 조교가 여느 때와 마찬가지로 심각한 표정에 후줄근한 차림을 하고 실험실 카트를 밀면서 옆문으로 들어왔다. 카트 안에는 박제된 새 같은 커다란 물건이 들어 있었다. '새 같은'이라는 표현을 쓴 이유가 있다. 새가 똑바로 서 있기는 했지만 머리에서 날개 끝까지 삼베 주머니를 뒤집어쓰고 있었기에 정확한 형체를 알아볼 수 없었다. 감독 박사와 절친한 친구 사이가 분명한 대학원생 조교는 우리가 있는 책상 끝으로 카트를 끌고와서 쭈뼛거리며 말했다.

"이 새가 이번 기말고사 문제입니다."

모두가 심한 당혹감과 혼란에 휩싸여 소리를 지르며 항의하자 그는 한 학기 동안 배운 지식을 토대로 가능한 한 전문가답게 새의 특징을 묘사하라고 했다. 앞에 놓인 증거물을 바탕으로 새의 이동 방식과 식생활, 짝짓기 습관, 의사소통 방법, 무리를 짓는 본능 등을 추론하라고 말이다. 또 가능하면 속명과 종명까지 기재하라고 설명했다.

조교는 시험 시간으로 무려 네 시간이나 주어졌으니 박제된 새를 최대한 자세히 관찰하라고 말하면서 한 가지 중요한 주의사항을 일러주었다. 그것은 '절대로 삼베 주머니를 벗겨서는 안 된다는 것'이었다.

정말이지 황당한 시험이었다. 한 학기 동안의 수업이 가치가 있었음을 증명하기 위해 우리에게 주어진 것이 가늘고 긴 두 개의 다리와 스탠드를 움켜쥔 한 쌍의 갈고리발톱, 주머니 아래로 살짝 드러난 3센티미터 길이의 깃털 등의 하찮은 정보뿐이라니.

박제된 새가 어느 정도의 크기인지 가늠하고 그 모습을 대략적으로 추측하는 것이 불가능한 일은 아니지만 이 정체불명의 알 수 없는 표본에 대해 무려 네 시간을 들여 보고서를 써야 한다는 것을 고려하면 그 과정은 결코 즐거울 수 없었다. 그렇지만 우리는 당혹감을 뒤로한 채 씩씩하게 새에 대해 답을 작성하기 시작했다.

한 시간쯤 지난 후, 모두가 각자 관찰을 통해 얻은 결론을 맹렬하게 써 내려가고 있을 때 함께 시험을 보던 한 친구가 갑자기 폭발하고 말았다. 사실 그는 원래도 성미가 급한 편이어서 한 시간이나 지난 다음에 그런 반응을 일으킨 것도 신기한

지경이었다. 그가 대뜸 의자에서 벌떡 일어나 조교에게 달려가더니 다음과 같이 외쳤다.

"이 시험 정말 충격이네요! 우리를 뭐로 아는 겁니까! 나는 이따위 시험은 절대 볼 수 없습니다!"

사람을 다루는 재주라고는 전혀 없어 보이는 조교가 당황한 표정으로 그를 바라보았다. 항의는 계속되었다. 친구는 큰 목소리로 우리가 한 학기에 걸쳐 수백 종에 이르는 표본을 연구했다는 사실, 먼지가 자욱한 실험실에서 지긋지긋하게 보낸 긴 시간, 게다가 이 과목을 위해 비싼 수업료를 지불한 부모의 노고 등까지 장황하게 늘어놓았다. 화가 극도로 난 상태로 말이다.

이러한 혼란 속에서 홀 저편에 있던 감독 박사는 몇 차례 마이크를 이용해 아주 큰소리로 사태를 수습하려고 했고, 조교는 놀라울 만큼 꼿꼿한 태도로 자리를 지키고자 했다. 그가 조용히 말했다. "이건 기말고사야. 어서 자리로 가!"

논쟁은 극에 달했고 학생들은 그 기막힌 광경에 정신이 나가 있었다. 나는 혼란스러운 상황이 마무리되기 전에는 어느 누구도 답안 작성이라는 본연의 임무로 돌아가지 않으리라는 것을 직감했다. 친구가 다시 자리로 돌아오지 않을 것이라는 사실 또한 분명했다. 그는 이미 스스로 시험을 끝냈으며, 어떤 답안도 제출하지 않을 것이고, 이로 인해 낙제점을 받는다면 대학을 고소하겠다고 당당하게 말했다. 그리고 자신에게는 이따위 황당한 시험을 치르는 것보다 더 중요한 일들이 있다고 덧붙이기까지 했다.

대학원생 조교와 함께 부랴부랴 우리들이 있는 곳으로 온 감독 박사는 항의하는 친구에게 앉으라고 강압적으로 지시했다. 친구는 거부했고 그들은 다시 앉으라고 요구했다. 그렇지만 그는 재킷을 입으며 자리를 뜰 준비를 했다. 감독 박사와 조교가 또다시 소리치자 친구는 몸을 빙그르르 돌려 문을 향해 걸어갔다. 그의 거침 없는 행동에 분노로 얼굴이 벌개진 조교가 소리쳤다.

"도대체 네가 누군데 이런 어리석은 짓을 하는 거야?"

그 순간 그 친구는 한쪽 발을 들고 있던 상태에서 거칠게 몸을 홱 돌리더니 무릎 바로 아래까지 바짓단을 둘둘 말아 올렸다. 마치 우리 앞에 다리를 드러내고 있는 박제된 새처럼 조교에게 딱 그 정도만 자신을 보여주겠다는 듯이. 그리고 다음과 같이 외쳤다.

"몰라요! 내 다리만 보고 당신이 맞춰보시든가!"

166

그리고는 나가버렸다. 홀 안에 남아 있던 우리는 저 말싸움과 극적인 결말 그리고 놀라운 기말고사 사이에서 도대체 무엇이 더 황당한 일인지 가늠할 수조차 없었다. 어느 쪽이든 간에 불운한 미래의 동물학자들인 우리는 그 친구가 홀을 나가는 모습을 멍하게 지켜본 후, 다시 각자의 블루북에 열심히 답을 적으며 대혼란의 시험을 마쳤다.

이 일화는 미숙하면서도 건방진 태도가 드러나는 어설픈 대학생의 유쾌한 에피소드일지도 모른다. 그러나 이 이야기 속에는 중요한 메시지가 담겨 있다.

앞서 말했듯 비즈니스에는 확실성이 없다. 인생의 경우는 더욱 그렇다. 세상은 온갖 소음으로 가득 차 있어서 우리는 해야 할 일에 제대로 집중하지 못하게 될 때도 많으며, 때론 종종 부적절하거나 그릇된 자료만으로 사활이 걸린 중대한 결정을 내려야 하는 순간도 적지 않다.

극도의 불확실성과 긴박한 변화 속에서 진로를 계획하고 미래를 선택하는 일은 점점 더 늘어나고 있으며, 이는 형체를 확인할 수 없는 박제된 새를 놓고 논술 시험을 치르는 것과 별반 다르지 않다. 이런 상황에 부닥친 당신에게는 이미 습득한 지식과 경험, 본능 외에 달리 기댈 만한 정보도 거의 없을 것이다.

당신이 걸어가려는 길의 곳곳에는 방해꾼들까지 잔뜩 늘어서 있을 것이다. 그것은 비이성적 행위, 또는 혼란스러운 세상이라든가 냉혹한 환경 같은 것들이다. 이를 극복하고 앞으로 나아가기 위해 가치 있는 목표(예를 들어 블루북에 답을 적고 시험을 마치며 한 과목을 잘 마무리하는 것)를 달성하는 데에는 언제나 제한된 정보만 제공될 뿐이다. 냉혹하게도 이는 앞으로도 항상 그럴 것이며 결국 위대한 행동은 언제나 진정한 신념의 도약을 요구한다.

인생에서처럼 비즈니스에도 독창적인 행동을 하기 위해서는 용기와 확신이 필요하다. 때로는 결정하지 말아야 하는 이유, 행동하지 말아야 하는 이유를 찾는 것이 훨씬 편하게 느껴지기도 할 것이며 방을 박차고 나가기보다 현실에 안주하는 것이 더 쉽게 느껴질지도 모른다. 그러나 변화를 만들기 위해서는 자신의 지성과 능력에 확신이 필요하고, 아울러 도덕적이고 윤리적인 측면뿐만 아니라 경제적인 측면에서도 무엇이 옳은가를 말해주는 내부의 나침반에 대한 믿음이 중요하다.

인생의 진로를 결정하고 그것을 향해 나아가다 보면 커다란 가능성과 기회를 제공하는 수많은 상황들을 맞닥뜨리게 될 것이다. 그러나 안타깝게도 무엇이 최선인지는 확실하지 않다. 겨우 두 개의 가느다란 다리와 삐져나온 깃털만 볼 수 있는 박제된 새에 대해 시험을 치러야 하는 것처럼 당신은 종종 확실한 자료를 보지 못하는 상황에서도 판단을 내리고 결론에 도달해야 한다. 이런 경우 필요한 것은 바로 자신만의 강한 용기와 믿음이다. 그것은 본인의 능력에 대한 믿음, 사업 파트너의 능력에 대한 믿음, 혁신의 가능성에 대한 믿음, 세상의 발전 가능성에 대한 믿음이다.

과거의 시험 이야기를 통해 당신에게 강력하게 일러주고자 하는 것은 간단하다.

"오직 너 자신을 믿어라."

행여 잘못된 결정을 할까 봐 걱정하느라 모처럼 주어진 절호의 기회를 탕진하지 마라. 무위의 편안함에 빠져 세상을 변화시킬 수 있는 기회를 놓치지 마라. 소음은 무시하고 과대광고를 꺼버려라. 용기를 앞세우고 자신의 열정과 결정에 귀를 기울여야 한다. 그리고 몸속의 나침반이 어느 방향을 향하고 있는지 바라보라. 자신에 대해, 또 인간의 조건에 대해 깊게 생각해본 후에 진정으로 가치 있는 일을 하길 바란다.

나는 2학년 때 함께 동물학 수업을 듣고 시험날 과감한 결정을 내린 그 친구가 현재 무슨 일을 하는지, 어떻게 살아가고 있는지는 모른다. 그러나 그날 그가 보여준 용기와 결단력만큼은 지금도 내 가슴속에 고스란히 남아 있다.

Remember
who
you are

리처드 S. 테들로

연구 장학생 자격으로 하버드 경영대학에 들어오게 되었고 이듬해에 1학년을 담당하는 마케팅 교수가 되었다. 그는 유쾌한 농담을 즐겨 쓰기로 유명한데 이는 학생 신문에 어록이 실릴 정도라고 한다.

일터와 가정,
두 얼굴이 필요한 순간

내가 하버드 경영대학에서 교편을 잡기 시작했을 때, 이제 막 교수로서 첫발을 내딛은 나처럼 젊은 초보 교수들은 관록 있는 교수님들의 행동을 유심히 관찰하곤 했다. 나는 교수들 각자의 스타일을 주의 깊게 살펴보면서 다음과 같은 두 가지 질문을 기준으로 그들을 평가했다.

첫 번째, 그는 학생들에게 간결한 질문을 던지고 똑같이 간결한 대답을 기대하는가, 아니면 당시 유행하던 은유적 표현을 이용하여 아주 모호한 질문을 함으로써 학생들이 이리저리 헤매게 만든 후 그로부터 지식을 습득하도록 유도하는가?

두 번째, 그는 자신을 어느 정도까지 드러내는가? 교수님들 중에는 한 학기 내내 강의를 하면서도 학생들에게 자신을 전혀 드러내지 않는 사람이 있는가 하면, 이와는 반대로 본인의 성격을 드러내고 익살, 유머 감각을 총동원해서 수업하는 사람도 있었다.

교수로서 자신만의 스타일을 찾아가는 과정에 있던 나는 두 번째 질문 때문에 머리가 복잡했다. 물론 나 자신을 충분히 드러냄으로써 매력적인 선생이 되고 싶은 마음은 굴뚝같았지만 사실 타인이나 마찬가지인 수많은 학생에게 개인적인 부분을 공개한다는 것이 꺼림칙하기도 했다. 그래서 나는 두 기준 사이, 아주 교묘한 지점에서 적당히 균형이 잡힌 입장을 취해야겠다고 생각했다.

그러던 어느 날, 심하게 말하자면 언제 잘릴지 모르는 나이 어린 풋내기 교수였던 나는 무엇인가 커다란 착오가 생기는 바람에 당시 석좌교수였고 얼마 전 작고하신 유명한 앤서니 아토스 교수님의 옆자리에서 점심 식사를 하는 영광을 누리게 되었다. 그는 박사 과정을 마치고 겨우 2년이 지난 시점에 '위대한 스승들'이라는 내용으로 《타임Time》에 소개되었을 만큼 학생들을 가르치는 데 뛰어난 능력을 지닌 분이었다.

우리는 식사를 하면서 직업적 어려움에 대해 이야기를 주고받았다. 그런데 내가 "능력 있는 최고의 교육자가 되기 위해서는 곧 자기 자신이 되어야 합니다"라고 했더니 그분이 반박하며 말씀하셨다.

"아니, 자기 자신이 될 필요는 없어요. 다만 자신을 '닮아야' 하는 거죠."

그날 이후로 나는 그의 충고를 단 한 번도 잊은 적이 없다. 그리고 시간이 흘러 말의 의미를 좀 더 정확히 이해할 수 있었다. 그것은 개인적 자아와 직업적 자아, 즉 '나 자신'과 '내가 하는 일'을 미묘하게 잘 구분해야 한다는 것을 뜻했다.

이러한 구분이 중요함에도 불구하고 대부분의 기업가나 일반 직장인은 이를 무시하거나 잘 모르고 오해한다. 이것은 직장에서 자주 논의되는 '일과 생활의 균형'과는 다른 의미이다. 일과 생활의 균형을 맞추는 것은 합리적인 필요에 의해서이다. 그것은 퇴근 후 개인적인 취미에 시간을 할애하기 위해, 일을 떠나 풍부한 경험을 쌓기 위해, 또는 가족과 친구들로부터 소외되지 않기 위해 취하는 합리적인 태도이다.

이와 달리 아토스 교수님의 말은 '시간'의 균형을 이야기하기보다는 '정체성'의 균형 그 자체를 의미했다. 그렇다면 직장에서의 자신과 가정에서의 자신을 구분하고 이를 잘 유지할 수 있는 방법이 있을까?

이 질문에 대한 나의 대답은 "그렇다"이다. 일단 정체성의 분리는 중요한 이득을 가져다주는데 그중 단연 '프라이버시'가 커다란 부분을 차지한다.

교수는 수백 명 이상의 학생을 가르쳐야 하는 사람이다. 어떤 교수든 학생들에게 자신을 100퍼센트 내보이거나 마치 자기소개서를 복사해서 나누어주는 듯한 기분을 느끼고 싶지는 않을 것이다. 따라서 아침에 강의실에 들어설 때에는 '페르소나persona(외적 인격으로서 타인에게 보여지는 사회적 자아)'를 갖는 것, 즉 본인을 매우 흡사하게 닮은 또 다른 자신이 되는 것이 중요하다. 이는 가짜가 아니며, 페르소나가 된다고 해서 위선자가 되는 것도 아니지만 분명 페르소나는 진짜 자신이 아닌 또 다른 직업적 인격이다.

실제로 당신은 자신의 직업적 삶과 개인적 삶 사이에 '스크린'을 설치할 수 있다. 그것은 양쪽을 뚜렷하게 갈라놓으면서도 서로의 자유로운 교제를 허용하는 상호 침투적인 경계이다. 스크린은 삶의 두 영역을 서로 배타적이거나 이중적이지 않게 구분해준다. 다시 말해서 페르소나가 되었다가 원래의 자신으로 돌아오는 일이 스위치를 켜고 끄는 일처럼 마냥 단절적이지 않다는 뜻이다. 또한 본인이 원하고 상황이 허락한다면 언제라도 자유롭게 '진짜 자신'에서 '직업적 자신'으로 흘러갈 수 있는 뛰어난 투과성을 갖고 있다.

예를 들어 학기가 시작되어 낯선 학생들을 처음 만나는 순간이라면 페르소나가 가장 중심적인 위치를 차지해야 한다. 그렇지만 시간이 지나면서 학생들과 친밀한 관계가 형성되면 페르소나는 진짜 인격에게 자리를 양보해도 된다. 이때 스크린은 필요한 경우에 적당한 수준의 프라이버시를 제공한다. 스크린으로 인해 얻어지는 이득은 프라이버시 외에도 얼마든지 있으며, 이러한 이점은 교직뿐만 아니라 모든 직업에 두루 해당된다. 그리고 자신을 닮은 페르소나는 사회생활을 하면서 어쩔 수 없이 만나게 되는 비난과 화살을 견딜 수 있도록 도와준다. 내면의 자아가 입게 될 상처를 줄여줌으로써 우리가 더 잘 살아갈 수 있게 해주는 것이다.

직업의 세계란 참으로 험난하여 때때로 자신의 힘만으로는 통제가 불가능할 때가 있다. 45년간 기업에 몸담았던 나의 아버지는 바깥세상을 혹독하고 추운 곳이라고 정의했다. 직업의 세계에는 위험한 일들이 끊이지 않는다. 더군다나 야망이 있는 사람에게는 더더욱 고난의 순간이 많은 법이다. 특히 어려운 시기에는 불행한 일들이 더 자주 일어나며 문제가 생기면 회사는 파산하게 된다. 이런 때일수록 당신의 정체성을 온전하게 직장으로 가져간다면 스스로를 끔찍한 환경에 그대로 노출시키는 셈이 되는 것이다.

그러나 직장생활을 가정생활과 별개로 생각한다면 자신만의 내적인 공간을 보호할 수 있다. 직장에서 본인을 공격하는 외부의 힘을 피해 내적 공간으로 숨어들면 자신을 온전히 지켜낼 수 있는 것이다. 그렇게 되면 회사 바깥에 존재하는 당신의 일부가 스스로를 더욱 강하게 만드는 데 도움을 주고 직장에서 견딜 수 있는 힘까지 제공할 것이다.

가정에서는 직장에 비해 훨씬 높은 단계의 자율성을 갖게 된다. 집에서는 자신이 원하는 모습으로 자유롭게 지낼 수 있고 본인에게 영향을 미치는 대부분의 결정도 스스로 내릴 수 있다. 가정에는 직장에서는 찾아볼 수 없는 상호관계도 존재한다. 예를 들어 아무리 일을 사랑한다고 해도 일은 당신을 사랑할 수 없지만 가족은 당신을 사랑할 것이다. 그러므로 개인적인 삶은 만족스러운 피난처가 될 수 있으며 통제와 보상이라는 감각을 제공한다. 개인적인 삶은 직업 세계에서 겪는 성취와 좌절 사이에서도 균형을 잃지 않도록 해주는데, 이는 어디까지나 개인적인 생활이 안정적으로 보호받고 심리적 면역

성을 지닌 경우에만 가능하다.

　가정에서의 자신과 직장에서의 자신을 구별함으로써 우리가 얻을 수 있는 또 다른 이득은 보다 효과적으로 가정과 직장에 접근할 수 있다는 점이다. 이는 곧 사적인 생활에서는 거의 무의미하지만 직장에서는 매우 중요한 기술들을 함양한다거나 반대로 직장에서는 무의미하지만 일상생활에서는 중요한 기술들을 기를 수 있음을 뜻한다.

　몇 년 전, 나는 헨리 포드Henry Ford와 앤드루 카네기Andrew Carnegie, 샘 월턴Sam Walton 같은 20세기의 쟁쟁한 기업가들에 대한 연구를 시작했다. 그들의 경력을 검토하던 중, 엄청난 성공을 가져온 몇 가지의 공통점을 발견할 수 있었다. 예를 들자면 그들은 자신이 만든 물건을 사람의 마음을 확 끌어당기는 명쾌한 슬로건으로 요약했다.

　포드는 자신이 개발한 최초의 대량생산 자동차인 '모델 T'에 대해 "당신을 그곳에 데려다주고 다시 데려올 것입니다"라고 짧게 요약했으며, 이스트먼 코닥의 창립자인 조지 이스트먼George Eastman은 자신의 회사에서 생산한 카메라에 대해 "버튼만 누르세요. 나머지는 알아서 해줄게요"라고 말했다. 이처럼 완벽한 단순화와 명확성이라는 덕목은 기업인에게 대단히 귀중한 가치이다.

그러나 이런 가치는 기업이 아닌 다른 영역, 즉 개인적인 삶에서는 무가치한 것이 될 수도 있다. 회사와 고객을 연결해 주는 슬로건은 사람 대 사람의 의사소통에는 도움이 되지 않을 것이다. 가족이나 친구들과 나누는 친밀한 관계는 미묘함과 감수성, 말로는 설명하지 못할 어떤 느낌으로 가득 찬 관계이다. 이런 관계에서 요구되는 의사소통의 종류는 직업 세계의 방식과는 전적으로 다르다. 다만 이는 한 영역에서 요구되는 기술과 관점이 다른 영역에도 똑같이 적용되지는 않는다는 수많은 예들 중 하나일 뿐이다. 따라서 이 두 영역을 분리해서 생각하고 각각에 적합한 방식을 찾으면 된다.

오해는 하지 말기 바란다. 나는 지금 당신에게 자신의 정체성을 완벽하게 둘로 나누라고 제안하거나 거짓된 삶을 살라고 주장하는 것이 아니다. 또한 사무실 문 앞에서 급하게 정체성을 검토하고 안으로 들어가야 한다고 말하는 것도 아니다. 내가 이야기하고자 하는 것은 그 정도로 심한 분리가 아니다. 지나치게 엄격한 분리는 도움이 되지 않으며 오히려 매우 위험할 수도 있다. 자신을 극과 극으로 분리시킨다면, 즉 자신의 두 가지 생활 영역을 스크린이 아닌 단단한 장벽으로 분리시키게 되면 혼자서 완벽하게 다른 1인 2역을 소화해내야 하는 위험을 감수해야 하기 때문이다.

극단적인 분리의 가능성과 위험을 설명하기 위해 두 가지 예를 들어보겠다. 이 예시는 강의실이나 이론상의 직장이 아닌 치열한 실제 비즈니스 현장에서 가져온 것들이다. 나는 과거의 기업인들에 대해 공부하면서 그들의 경력뿐만 아니라 개인적인 삶도 조사해보았다. 이 과정에서 그들이 각자 자신의 삶을 내가 설명한 방법으로 분리시켰는지 그리고 구체적으로 어떻게 했는지 살펴보았다.

이스트먼과 카네기는 일과 개인의 정체성을 뚜렷하게 분리시킨 사람들이었다. 그런데 이스트먼은 자신을 '닮은' 직업적인 페르소나를 만들어낸 반면 카네기는 그렇지 않았다. 그의 두 자아는 마치 서로 다른 사람처럼 완전히 분리되어 있었다.

1달러짜리 코닥 브라우니 카메라를 선보임으로써 사진을 신비로운 과학에서 대중적인 오락으로 변화시킨 이스트먼은 정체성 문제에 대해 고심했던 것이 분명하다. 우리는 다음과 같은 말을 통해 그가 자신만의 확실한 결론에 도달했음을 알 수 있다.

"일하는 시간에 무엇을 하느냐에 따라 우리가 소유하는 것이 결정된다. 또 여가 시간에 무엇을 하느냐에 따라 우리가 어떤 사람인지 결정된다."

일적인 면에서의 이스트먼은 매우 경쟁적이고 깐깐한 사람이었다. 경쟁사들을 공급 시장에서 밀어냈고 때로는 너무 일을 많이 시켜서 직원들이 회사를 그만두기도 했다. 반면에 사생활에서의 그는 과묵한 사람이었으며 연세가 많은 모친을 극진히 모셨다. 그러나 그가 자신의 일과 개인적인 영역에서 완전히 서로 다른 태도를 취했다고 해도 두 자아는 일관성을 지니고 있었다. 다시 말해서 서로 모순을 일으키며 충돌하지 않았다는 뜻이다.

이를테면 그가 지닌 기본적인 가치는 두 영역에 모두 존재했다. 그는 이스트먼 코닥이 많은 이익을 내자 자청해서 소득의 상당한 몫을 노동자들에게 나누어주었다. 또한 개인적으로는 인생의 초창기에 성공한 다른 기업인들과 달리 로체스터대학, MIT, 이스트먼 음대를 포함한 여러 학교나 단체의 후원자로 적극 나섰다. 이렇듯이 그는 직업적 자아와 개인적 자아를 분명히 구분하면서도 두 영역이 협력하고 교류하는 상태를 유지했다.

한편 카네기는 개인적인 삶과 기업인으로서의 삶이 완전히 다른 사람이었다. 각각의 삶에는 닮은 점이 거의 없었다. 사적인 면에서의 카네기는 기업인으로서 자신이 완전히 무시했던 가치들을 지지했다. 그는 개인적인 글을 통해서 '돈을 숭배하는 것은 타락한 행위이다'라고 주장하기도 했으며 노동의 조직화를 긍정적으로 생각한다는 의견을 내기도 했다. 그러나 기업인으로서의 그는 이와 매우 다른 행보를 보였다. 수단과 방법을 가리지 않았고, 때로는 폭력을 동원해서라도 자신이 운영하는 공장의 노동조합을 무산시키려고 했으며, 노동자들에게 가능한 한 낮은 임금을 지급하면서 자신은 최대한의 이익을 챙겼다.

카네기는 사적인 영역에서는 문학과 철학에 조예가 깊었으며 인간미 넘치고 자유로운 사람이었지만 기업인으로서는 노동조합을 탄압하는 무자비한 경영자였던 것이다. 그는 개인적 세계와 직업적 세계 사이에 상호 침투적인 경계를 긋는 대신 아예 이 둘을 완전히 갈라놓음으로써 양립할 수 없게 만들었다. 카네기는 사무실 문을 들어서는 순간, 다른 페르소나를 취한 것이 아니라 완전히 다른 사람이 되었다.

물론 두 기업인의 일화를 두고 무엇이 옳고 그른지 함부로 단정 지을 수는 없다. 이스트먼의 이야기가 전적으로 바람직한 예가 될 수 없고 카네기의 이야기가 전적으로 경계해야 할 예가 될 수도 없다. 두 사람을 유형화해서 완전히 분류할 수는 없는 것이다. 카네기는 무자비한 경영인이었을지 모르지만 결국에는 20세기 최고의 기업가이자 가장 관대한 박애주의자가 되었다. 이스트먼은 일을 하지 않는 여가 시간에도 일관된 모습의 자신을 보여주었지만 그 시간을 제대로 즐기지는 못했다(언젠가 그는 "나는 40세가 될 때까지 한 번도 웃지 않았다"라고 고백하기도 했다). 그렇지만 이들의 일화가 대조를 이루는 것은 사실이다. 한 사람은 일과 자아를 잘 분리시켰고 다른 한 사람은 그렇게 하지 못했다.

또한 이 일화는 직업적 자아와 진정한 자아를 분리시키는 과정이 경력 초기뿐아니라 경력 전반에 걸쳐 계속되어야 한다는 의미를 내포하고 있다. 그것은 돈, 성공, 권력과도 상관없다. 풋내기 신입사원이든 퇴직을 코앞에 둔 고참이든 직업적 자아와 진짜 자아를 분리하는 것은 결코 쉬운 일이 아니며 매우 어려운 균형잡기와도 같다. 그렇지만 분명 해야 할 가치가 있는 일이다.

훗날 조지 이스트먼은 한 여인이 그의 냉정한 비즈니스 능력에 찬사를 표하자 다음과 같이 대답하며 그 가치를 완벽하게 환기시켰다.

"이곳은 냉정한 세계랍니다. 그렇지만 마음 한구석만큼은 조금 부드럽게 놓아둘 필요가 있지요."

토머스 K. 매크로

....

미국을 대표하는 경영 사가이자 하버드 경영대학 비즈니스 역사학과의 살아 있는 전설. 저서『규제의 예언자Prophets of Regulation』로 퓰리처상을 수상했으며, 2012년 세상을 떠났다.

내가 틀렸음을 인정할 때
얻을 수 있는 것들

12

"저 빌어먹을 아이크 좀 봐! 배부른 공화당 놈들 좀 보라구!" 나의 아버지는 '아이크(미국 제34대 대통령인 드와이트 D. 아이젠하워Dwight D. Eisenhower의 애칭)'에 대해서 친구들에게 하는 말 같기도 하고 혼잣말 같기도 한 말투로 불만스럽게 투덜거렸다.

아버지와 그의 친구들은 우리 집의 좁은 거실에 모여 앉아 TV로 월터 크롱카이트Walter Cronkite가 선거 당선자를 발표하는 광경을 지켜보는 중이었는데, 막 아이젠하워가 20년 만에 공화당 출신 대통령으로 당선되려는 순간이었다. 아버지와 친구들이 그러는 데에는 이유가 있었다.

아버지는 대공황을 이겨내기 위해 민주당 출신 대통령 루스벨트가 내세운 뉴딜 정책의 산물이었던 테네시 계곡 개발

공사Tnnessee Valley Authority, TVA(이하 'TVA')에 일생을 바쳤는데, 이제 공화당의 차지가 된 새로운 백악관이 어떤 태도를 보이느냐에 따라 TVA의 운명이 결정되기 때문이다.

TVA의 어느 누구도 아이젠하워가 어떤 결정을 내릴지 알수 없었다. 조직을 완전히 해체할까, 아니면 민영화할까? 둘다 아니라면 지금까지 미국 남부에 전력을 공급하고 홍수를 조절해온 가장 효율적인 프로그램을 방해하기 위한 제3의 방법을 찾아낼 것인가? 아버지와 친구들은 아이젠하워가 어떤 결정을 내리든지 별로 좋은 소식은 아닐 것이라고 예상했다.

그런데 막상 뚜껑을 열어보니 그들의 생각이 틀렸음이 증명되었다. 눈에 띄는 변화는 일어나지 않았다. 아이젠하워는 미육군 공병단의 유능한 장군인 허버트 보걸Herbert Vogel을 TVA의 회장으로 임명했다. 그는 TVA라는 조직이 얼마나 비범한지 재빨리 터득했고 곧 그 생리에 적응했다. 이로써 우리 모두 걱정에서 벗어나게 되었다. 사실 보걸의 관리하에 TVA는 괄목할만한 성공을 거두었으며, 이미 방대했던 전력 시스템은 그의 재임 시기인 9년 동안 두 배 이상으로 그 세력을 확장했다.

그러나 공화당이 승리하리라는 확신이 점점 거세지던 그 11월의 밤, 우리 집에서는 분명히 걱정스러운 감정이 일고 있었다. 아버지와 친구들은 거실에 놓인 흑백 TV를 시청하면서 다가올 변화 역시 완벽한 '흑백논리'를 적용하여 예상했던 것이다.

비즈니스 역사가로서 내가 하는 일은 회사와 정부의 정책 결정의 근간을 이루는 이념에 대해 연구하는 것이다. 나는 그런 이념들이 어떤 식으로 전략과 행동을 이끌어내고 그 행동이 어떤 결과를 가져오는지 조사한다. 또한 어떤 강력하고 깊은 믿음을 지니고 있느냐에 따라 (아이젠하워에 대한 아버지의 생각처럼) 비즈니스의 형태가 커지기도 하고 작아지기도 하는 것에 대해 주목한다. 예를 들어 경쟁에 대한 이념이 미국의 정책과 법을 어떻게 이끌어갔는지 살펴보는 것이다. 생각은 정책을 낳고, 정책의 결과는 실생활에서 나타나지만 나의 아버지와 친구들이 그랬던 것처럼 근거가 충분한 듯이 보이는 생각조차 때로는 완전히 빗나가기도 한다.

예컨대 당신이 비즈니스 리더라면 본인의 생각을 바탕으로 정책을 만들어낼 것이고 그러한 정책들은 어떠한 결과를 가져올 것이다. 그러므로 평소 자신이 어떤 생각을 하고 있는지를 진정으로 이해하는 것이 중요하다. 다시 말해서 어떻게,

어떤 이유로 일을 하려는 것인지 파악하고 있어야 한다. 자신의 생각이 어디에서 비롯된 것이고, 그 생각이 본인의 세계관에 어떤 영향을 미치며, 그 생각을 따름으로써 잘못될 수 있는 부분은 무엇인지도 살필 줄 알아야 한다. 그렇게 하기 위해서는 먼저 지난 과거를 돌아볼 필요가 있다. 자기만의 신념이 어떤 연유로 생겨나게 되었는지 한번 깊이 생각해보라.

이 주장의 의미를 정확히 보여주기 위해서 잠시 옛 이야기를 해야 할 듯하다. 나의 개인사와 생각의 토대 그리고 재검토 과정에 대해 이야기하고자 한다.

나는 1940년대에 태어났지만 대공황이 부모님에게 미친 강력한 충격으로 인해 사실 30년대에 태어난 것과 다름없었다. 대공황시대의 성인들이 거의 그렇듯이 부모님도 할 수 있는 모든 것을 아끼고 비축하는 법을 배웠고 아버지는 평생 외상으로 물건을 사는 일을 주저하셨다.

아버지는 고향인 플로리다주를 떠나 테네시주의 노리스로 가서 75달러의 월급을 받는 조건으로 TVA가 계획하고 있는 댐과 주변 도시 건설의 엔지니어로 참여했다.

노리스댐 공사장에서 2년 동안 일하고 난 뒤에는 다른 도시의 새로운 공사 현장으로 옮겨 갔는데 아버지는 이런 방식으로 지난 40여 년간 일을 하셨다. 내가 어렸을 적에 우리 가족은 마치 유목민처럼 떠돌아다니며 살았고 그로 인해 우리 형제는 다양한 학교를 거칠 수밖에 없었다. 그 학교들은 테네시와 켄터키, 앨라배마 같은 작은 도시에 위치해 있었고 모두 하나같이 형편없었다.

그중 테네시 동부의 외딴 산마을에 있던 작은 가톨릭 학교는 베르나델과 그레이스, 서실리아라는 세 명의 수녀님이 운영했고 마치 개발도상국의 미션스쿨 같은 분위기를 풍기는 곳이었다. 나는 4년 동안 이 학교에 다녔는데 1학년부터 8학년까지 학생은 모두 60명이었으며 교실은 단 세 개뿐이었다. 요즘이었다면 학교라기보다는 '마을 교습소', '열린 교실'이란 이름으로 불리웠을 것이다. 한 학년을 마치고 다음 학년으로 올라갈 때는 그저 뒷줄로 자리를 옮기기만 하면 되었다. 그렇게 한두 해 정도 줄만 바꾸어 앉다가 3년쯤 지난 후에 비로소 다른 교실로 옮기곤 했다.

나와 몇몇 학생은 대학 교육을 받은 부모님 밑에서 자란 중산층 가정의 자녀들이었다. 그중에는 가톨릭 신자도 있었고 프로테스탄트 신자도 있었다. 아이들 중에는 TVA에서 일하는 노동자의 자녀들과 가난한 토착 주민의 자녀들도 있었다. 수녀님들은 막대자를 들고 다니며 학생들의 손바닥을 때리는 것으로 학교의 기강을 유지했고, 우리는 잘못한 일이 있든 없든 간에 매주 금요일마다 의무적으로 고해성사를 하러 가야만 했다. 그러나 이 가톨릭 학교 외에도 나에게는 또 다른 강력한 존재가 큰 영향을 미치고 있었는데 그것은 다름 아닌 'TVA로부터 발생하는 교육 효과'였다.

당시 TVA는 전 세계에서 모여든 수많은 유능한 엔지니어와 그들이 가진 야망으로 가득 찬 활기 넘치는 조직이었다. 민영 부문의 다른 어떤 기업들보다도 건설사업에 뛰어난 재능을 보였다.

TVA가 주기적으로 엔지니어들의 담당 부서를 순환시킨 까닭에 아버지와 동료들은 때때로 부서를 옮기게 되었다. 댐 공사를 하다가 전력 공장으로 가야 했고 그다음에는 기존에 있던 댐의 새로운 수문 공사에 투입되는 식이었다. 각각의 사업 규모가 워낙 방대하고 많은 인력을 필요로 하는 데다가 허허벌판의 한가운데에서 진행되다 보니 사업이 진행되는 곳마다 일종의 도시가 생겨났다. 도로가 몇 가닥으로 생겨나면서 각 길마다 20세대 정도의 가구가 들어섰지만 직업과 소득에 의해 같은 계층끼리 어울리며 구획이 이루어지는 현실적인 지역사회가 탄생한 것은 아니었다. 내 친구들은 대부분 철공과 보일러공, 목수, 기계공, 증기 파이프 설치 기사의 자녀들로 소위 말하는 그리 품위 있는 부류는 아니었다. 아이들은 학교를 중퇴하고 해병대에 들어가거나 낙하산병이 되기도 했으며 2년 뒤에는 팔뚝에 '언제나 충성을 다해', '화끈한 인생', '죽음으로 명예를 지키리' 같은 문신을 새기고 나타났다.

TVA는 엄청난 규모의 회사여서 직원만 해도 거의 4만 명이나 되었으므로 아버지의 승진 속도가 더딘 것도 당연했다. 아버지는 40대 중반이 될 때까지 당시 세계에서 가장 큰 석탄 발전소를 짓는 건설 현장의 감독으로 일했고 그 일이 끝난 뒤에는 세계에서 가장 높은 수직 개폐식 수문을 건설하는 현장 감독으로 일했다. 그 수문은 앨라배마주의 도시 머슬숄스에 있는 가로 180미터, 높이 30미터가 넘는 윌슨댐의 수문보다도 높았다. 그때 수문을 달기 위해 파놓은 어마어마한 구덩이에 들어갔던 것, 콘크리트를 붓는 모습을 옆에서 올려다보았던 일 그리고 그 모든 엄청난 규모에 압도당했던 기억이 아직도 생생하다. 마치 그랜드캐니언을 바라보는 기분이었다고 해야 할까. 나에게는 TVA에서 일하는 이들 모두가 세계의 여덟 번째 불가사의를 창조해내는 엄청난 능력의 소유자처럼 느껴졌다.

당시의 이런 환경은 어린아이였던 나에게 깊은 인상을 남겼고 어떤 강력한 사고를 심어주었다. 그중 하나는 노동조합이 좋은 것이라는 생각이었다. 당시 TVA의 모든 기술자가 노동조합에 속해 있었고 만족스러운 월급을 받으면서 자신이 맡은 일에 열과 성을 다했기 때문이었다. 또 다른 생각은 연방정부가 TVA라는 공기업을 매우 잘 운영하고 있으며 TVA는 민영기업들보다 일을 훨씬 더 잘하고 있다는 것이었다. 아버지와 동료들은 이따금 부족한 예산으로 큰 프로젝트도 추진해야 했는데 그때도 절차를 무시하거나 절대 대충 일하지 않았다.

그리고 뉴딜은 매우 위대하고 훌륭한 정책이라고 생각했다. 그때의 나는 단순하게 큰 조직과 큰 프로젝트가 좋은 것이라고 믿었다. 반대로 개인이 운영하는 전력회사는 돈만 밝히는 나쁜 기업이라고 생각했고 공화당 역시 TVA를 없애려고 하는 나쁜 편이라고 굳게 믿었다.

이 모든 강력한 편견은 내가 열두 살이었을 때 만들어졌지만 사실 대학을 가기 위해 고향을 떠난 후까지도 이어졌으며 사실 20대 내내 계속되었다. 그런데 촌구석의 평범한 학교에서 교육을 받았고 사회주의자가 아니라 골수 뉴딜 정책 옹호자였던 내가 어떻게 하버드 경영대학 같은 진보적인 조직에서 오랫동안 일하게 되었을까?

나를 이곳까지 오게 한 원천은 바로 역사 공부였다. 역사를 공부하면서 내 삶의 역사도 되짚어보게 되었고 그로 인해 만들어진 생각과 편견에 대해 재고하게 되었다.

4년 동안 해군 장교로 복무한 뒤 위스콘신대학의 대학원 과정에 입학했을 때, 나는 그야말로 최고의 교육 환경 속에 들어왔다고 생각했다. 그런데 얼마 후 놀랍게도 대학원에 입학하기 위해 준비해왔던 이전의 교육들 중 가장 최고의 교육은 바로 어린 시절 테네시의 그 작은 학교에서 이루어졌다는 사실을 깨달았다.

베르나델, 그레이스, 서실리아 수녀님은 모두 현명하고 헌신적인 선생님이었지만 나는 그동안 단 한 번도 그녀들의 단출한 학교를 최고라고 생각해본 적이 없었다. 시간이 흐르고 대학원생이 되어 느긋한 위치에서 돌아보니 그곳이 얼마나 훌륭한 교육 환경이었는지 깨달았다. 소규모로 운영되었기에 학생들은 각각 자신의 능력에 맞는 수준으로 스스로 공부할 수 있었고, 특히 똑똑하고 공부 욕심이 많은 아이는 표준적인 교육 환경에서보다 빠른 속도로 학업을 성취할 수 있었다.

테네시의 학교는 이와 동시에 학생들에게 다양한 교훈을 제공했다. 나는 아주 어린 나이에 각기 다른 환경에서 자란 사람들에게 나 자신을 맞추는 법을 배워야 했으며 비슷한 사람이라고는 한 명도 찾아볼 수 없는 낯선 환경에 적응하는 법도 알아야 했다. 아주 가난한 이웃들이 사는 동네와 복음주의 교회들을 지나서 촌스러운 덮개가 씌워진 다리를 건너 학교로 가는 등굣길은 나에게 자신과 타인을 동시에 바라보는 눈을 가지게 했고 내가 안전한 온실 속에서만 자라지 않게 해주었다. 그때는 몰랐던 사실이나 당시 팔뚝에 문신을 하고 고등학교를 다녔던 아이들조차도 가치 있는 교육 환경에 포함되었던 것이다.

위스콘신대학원에 다니면서 나는 기업과 정부의 관계에 대해 관심이 커졌고 직접 겪었던 개인적인 경험과 생생한 지식을 바탕으로 TVA에 대한 두 권의 책을 썼다. 놀랍게도 연구를 하는 동안 내가 정부 측 자료는 많이 반영하는 반면 민간 부문의 자료는 거의 참고하지 않고 있다는 사실을 깨닫게 되었다. 역사가로서 그러한 편파적인 태도를 취했다는 사실이 당혹스러웠고 민간 부문의 더 좋은 자료들을 찾아보기 위해 하버드 경영대학의 펠로십 프로그램에 참가하기로 결심했다.

하버드에서 연구 활동을 하면서 나는 TVA가 1940년대와 1950, 1960년대까지 지니고 있던 유능함을 1970년대에 들어서 잃어버린 것을 알게 되었다. 그곳은 더 이상 내가 기억하는 것처럼 뛰어난 인재들이 모인 곳이 아니었다. 지금은 민영 기업들과의 경쟁이 더욱 치열해졌고 공기업에 대한 사람들의 생각도 예전 같지 않다. 뛰어난 기술자들은 더 높은 임금을 받고 사기업으로 갔고 정부를 위해 일해야 한다는 소명감 따위는 느끼지도 않는다. 지금은 사기업들도 얼마든지 과거에 TVA가 했던 것과 같은 일들을 할 수 있으며 심지어 훨씬 더 잘하기도 한다.

내가 경험한 역사뿐 아니라 역사라는 한 분야에 대한 연구는 나 자신의 자아를 성찰하게 해주었고, 자아 성찰은 다시 역사 연구에 영향을 미쳐서 나의 과거는 물론이며 학문적 관심까지 재고하도록 만들었다. 그래서 나는 TVA라는 한 조직을 분석하는 것에서 나아가 보다 일반적으로 여러 조직들을 연구하기 시작했다.

역사가로서 내가 해야 하는 일은 과거를 더욱 잘 이해하고 재평가하여 그 결과물을 보다 넓은 틀 속에 넣는 것이다. 만약 당신이 나와 다른 직업을 가졌다면 아마도 열정적인 자기 관찰과 역사적 분석에 몰두할 수 있는 사치를 나만큼 자주 누리지 못할 수도 있다. 그러나 인간은 누구든지 어디에 서 있든 간에 자신에게서 한발 더 나아가 본인의 생각이 어디서 왔는지를 반드시 객관적으로 판단하고 성찰해야 한다.

당신의 생각은 여태껏 살아온 시간과 환경, 부모님 그리고 수많은 편견들으로 이루어져 있다. 미래를 위한 최선의 결정을 하기 위해서는 과거의 요소들이 각각 어떻게 해서 현재의 생각을 만들어냈는지 이해해야 한다. 다시 말하자면 직업적 업무를 수행할 때나 일할 때 본인이 왜 이런 결정을 내렸는지 그 근거를 이해하기 위해 애써야 한다는 뜻이다. 철학자 키르케고르Kierkegaard는 삶은 회고를 통해서 이해할 수 있으며 결국 반드시 앞을 향해 나아가야 한다고 말했다. 과거를 제대로 이해해야 다가올 미래 역시 제대로 살아갈 수 있는 것이다.

내가 만약 TVA에 대해 예전처럼 고루한 사고방식을 고집하고 흑백논리로만 보았다면 결코 올바른 견해를 가질 수 없었을 것이며 좋은 역사가도 되지 못했을 것이다. 그러나 TVA는 변했고 세상도 변했다. 그러므로 개인의 사고방식도 변해야 하는 것이 당연하다.

내가 당신에게 당부하고 싶은 것은 단 한 가지뿐이다. 흑백 렌즈를 벗어버리고 절대 한 방향으로만 세상을 바라보지 마라. 지나온 삶을 돌아보고 왜 지금의 사고방식을 갖게 되었는지 이해하라. 세상엔 흑과 백 외에 다양한 색이 존재한다. 흑백이 아닌 다양한 색깔을 발견하고 이해함으로써 우리는 현명한 결정을 내릴 수 있으며 더 풍성한 삶을 누릴 수 있음을 명심해야 한다.

4장

올바르게 산다는 것은 무엇인가

헨리 B. 레일링

재정학을 가르치는 교수. 특유의 편안한 말솜씨로 아주 난해한 내용까지도 누구나 쉽게 이해할 수 있도록 강의함으로써 그의 수업은 하버드 경영대학에서 가장 인기 있는 과목 중 하나로 꼽힌다.

상위 0.1퍼센트의
비밀을 찾아내다

한 가지 고백할 것이 있다. 나는 지금 이 자리에서 하버드 경영대학이 지난 수년간 여러 차례에 걸쳐 어떤 연구를 수행해왔다는 사실을 솔직하게 밝히고자 한다.

그것은 바로 미래에 학생들의 성공을 좌우하는 요소들이 무엇인지 알아내기 위한 목적으로 고안된 연구였다. 우리는 학생들이 수강하는 과목들과 학점을 포함한 모든 변수를 조사했다. 심지어 학생의 키가 얼마인지까지.

그러나 실망스럽게도 하버드에서 받은 학점과 이후의 성공은 전혀 상관관계가 없는 것으로 판명되었다. 물론 단기적인 상관관계는 있을 수도 있지만 장기적인 면에서의 연관성은 없는 것이 확실했다. 이러한 결과는 비단 하버드 경영대학에서만 나타나는 현상은 아니었다. 과거 위대한 인물들 중에도 학창 시절에 낙제점을 받았던 사람이 상당수 포함되어 있었다.

영국의 수상이었던 윈스턴 처칠Winston Churchill은 중학생일 때만 해도 아주 평범한 학생이었고, 라틴어 과목에서 두 번이나 낙제를 했으며, 대학 입학시험에도 떨어졌다. 미국의 제35대 대통령 존 F. 케네디John F. Kennedy는 하버드대학에 재학 중일 때 C학점을 받은 경험이 있고, 제너럴 모터스사를 20세기 최고의 기업으로 키워낸 앨프리드 슬론Alfred Sloan 역시 MIT를 다니던 시절 몇몇 인문학 필수과목에서 D학점을 받은 적이 있다. 미국의 제26대 대통령 루스벨트도 나중에 변호사 시험을 합격하긴 했지만 컬럼비아대학을 졸업하지 못했다.

이와 같은 사례에서 우리는 두 가지의 중요한 사실을 알 수 있다. 첫 번째는 학업 성적의 높고 낮음에 연연할 필요가 없다는 점이다. 인생이란 여러 바퀴를 돌아야 하는 트랙과 같다. 하버드 같은 곳에서 상위권에 드는 학생들과 성적이 부진한 학생들 모두 아직 돌아야 할 트랙이 3분의 2나 남아 있는 장거리 경주를 하는 셈이다. 올 A를 받은 선두 주자가 오랜 경주 끝에 뒤로 처질 수도 있고 뒤처져 있던 사람이 속도를 내서 앞으로 치고 나올 수도 있다.

두 번째는 누구든지 지금 이 순간 (또는 지금으로부터 5년 후나 15년 후) 긴 레이스의 어디쯤을 달리고 있던 간에, 지능 이외에 어떤 요소들이 성공을 만들어내는지 파악하여 그러한 요소들을 잘 조화시키는 방법에 대해 충분히 이해하는 것이 필요하다.

학계는 이 문제를 놓고 수십 년간 씨름해왔는데, 그중 가장 유명한 것이 1921년 미국의 인지심리학자 루이스 M. 터먼 Lewis M. Terman에 의해 시작된 연구이다. 그는 아이큐가 135 이상인 1,500명의 어린이를 대상으로 연구에 착수했다. 당시 '흰개미'라는 이름으로 불렸던 그 아이들을 시간이 흐른 후 조사해보니 능력이 뛰어난 것은 물론이고 평균에 비해 더 높은 소득을 얻고 있었다. 따라서 그의 연구는 타고난 지능이 미래의 성공을 좌우한다는 결론에 도달했다.

정작 흥미로운 발견은 이후에 이루어진 추가적이고 부수적인 연구들을 통해서 나타났다. 성공도가 가장 높은 그룹과 가장 낮은 그룹을 비교해본 결과, 그들의 아이큐가 거의 동일한 것으로 드러났다. 그러나 성공도가 높은 그룹에 속한 사람들에게는 공통적인 두 가지의 특성이 나타났는데 그것은 바로 '확신'과 '끈기' 항목의 점수가 더 높았다는 점이다. 일종의

'성공에 대한 열망'이 더욱 뛰어나다는 의미라 할 수 있다.

　지금의 우리는 성취에 있어 세부적인 면들이 중요하다는 것을 잘 안다. 자동차 경주에서 이기기 위해서는 좋은 도로가 필요하다는 말처럼 성공의 요인을 연구하기 위해서는 지능과 확신, 끈기라는 학구적인 대답을 넘어서 보다 깊게 생각해볼 필요가 있다.

　'현자賢者는 경험에서 배우지만 진정한 현자는 다른 사람의 경험에서 배운다'는 오래된 속담이 있다. 나는 졸업생들을 포함한 다른 사람들의 경험을 오랫동안 꾸준히 관찰해왔기 때문에 지능과 확신, 끈기 외에 또 다른 성공의 요인들이 무엇인지 알아냈으며 그 요인들이 어떻게 작용하는지에 대해서 공유하고자 한다.

　내가 자동차 경주광은 아니지만 인생의 성공을 좌우하는 것은 인디애나폴리스 500이라든가, 몬테카를로 그랑프리 같은 자동차 경주에서 우승하기 위해 경주용 차가 지녀야 하는 조건과 같다고 생각한다. 어떤 경기든지 강력한 엔진(두뇌)만이 우승을 보장해주지는 않는다. 정확한 조종과 안정된 제동장치, 확실한 정지, 충분한 연료, 탁월한 판단이 필요하며, 여기에 최근 학생들이 추가한 조건으로 실력 있는 정비사도 필요하다. 이것들 중 어느 한두 가지 요소만으로 우승 테이프를 끊을 수는 없는 법이다. 인생이든 자동차 경주든 성공하기 위해서는 다양한 부분이 조화를 이루어야 한다. 지금부터 성공하기 위해 조화를 이루어야 할 가장 중요한 다섯 가지 능력을 설명해보도록 하겠다.

첫 번째는 실망을 극복하는 능력이다. 앞서 언급했던 위대한 인물들은 자신의 실망스러운 성적을 이겨내고 재능이 있는 분야에서 꾸준히 노력한 사람들이다. 당신 역시 감정을 잘 조절하고 다루어서 인생의 도처에 놓인 좌절을 극복할 줄 알아야 한다. 직장 생활을 하는 동안 때로는 고통스러울 만큼 엄청난 좌절을 만날 수도 있고, 다니고 있는 회사가 기업 인수의 대상이 될 수도 있으며, 어느 날 갑자기 회사에서 퇴출되는 위기에 처할 가능성도 있다.

이때 성공한 사람들은 놀라운 회복탄력성을 바탕으로 실망과 타격을 마주하며 그로 인해 인생의 방향키를 놓지 않는다. 그들은 마치 도로변 간이식당에 놓인 둔탁하고 오래된 플라스틱 머그컵과 같다. 머그컵을 한번 떨어뜨렸다고 생각해보라. 부서지지 않고 그저 튀어 오를 뿐이다. 머그컵은 그날

이미 종업원의 쟁반에서 떨어진 적이 있을지도 모르고, 또다시 떨어질지도 모르지만 그때마다 다시 튀어 오를 것이다.

원하는 대학에 바로 합격해 입학하거나 장학생으로 졸업한 학생처럼 이미 인생 초반에 많은 성공을 경험한 사람들은 식당의 단단한 머그컵 같은 기질을 키우지 못한 경우가 많다. 그들은 실패나 절망을 떨쳐내고 계속 나아가는 법을 모른다. 둔탁한 머그컵보다는 우아한 도자기 찻잔에 더 가까운 것이다. 찻잔은 보기에는 정교하고 아름답지만 역경이 닥치면 산산조각이 나기 쉽다.

두 번째는 행운이다. 이것은 재벌 집안이나 대단한 가문에서 태어나는 일 또는 복권 당첨을 뜻하지 않는다. 내가 말하는 행운이란 사람들이 흔히 생각하는 것과 다르다.

만약 당신이 훌륭한 교육을 받고 (물론 당신은 이미 이것을 받고 있다) 좋은 조언을 해주는 스승을 만났다면, 또한 중세가 아닌 지금 현시대에 태어났다면 이미 평균 이상의 행운을 확보한 것이다. 게다가 오랫동안 함께 지낼 수 있는 진심으로 존경하고 사랑하는 가족이나 친구, 동료까지 곁에 있다면 당신은 그야말로 행운아다.

사람들이 보통 생각하는 것과 달리 행운은 편안한 삶을 산다는 뜻이 아니다. 영국의 여왕이나 좋아하는 스포츠 스타에게 본인의 인생이 완벽하다고 생각하느냐고 물어본다면 아마도 그들 역시 아니라고 대답할 것이다. 그 누구도 모든 것을 다 가지는 특권을 누리지는 못하며 행운 또한 그렇게 생각해야 한다.

행운이란 단지 액운을 겪지 않는 것과 같다. 행운은 모퉁이를 돌다가 갑자기 돌진하는 트럭과 부딪히지 않는 것, 혹은 사랑하는 사람에게 그런 일이 일어나지 않는 것이다. 이미 지구상에서 가장 운이 좋은 사람들 중 한 명으로 태어난 당신이 행운아가 된다는 것은 합리적이고 공정한 운동장에서 당신과 비슷한 다른 행운아들과 함께 순조로운 시작을 한다는 것을 의미한다.

세 번째는 리더십이다. 세상에는 수많은 훌륭한 리더가 있고 그들이 몸담은 환경 또한 매우 다양하므로 좋은 리더십이 무엇인지 하나의 뜻으로 정의하기는 어렵다. 따라서 '무엇이 좋은 리더십이냐'라는 것보다 '무엇이 좋은 리더십이 아니냐'라는 측면에서 생각하는 것이 훨씬 더 수월할 듯하다. 그렇다면 과연 어떤 것이 좋은 리더십이 아닐까?

대표적인 사례로 오로지 수익 창출에만 열을 올리는 리더들을 들 수 있다. '경제적 동물'이기만 해서는 훌륭한 리더가 될 수 없다. 금고에 돈을 늘리는 것은 그들이 추구하는 목표의 한참 아래쪽에 위치해야 한다.

일찍이 나폴레옹Napoléon은 '인간이란 한 조각의 리본(명예 훈장)을 위해 오랫동안 온 힘을 바쳐 싸우려는 존재'임을 간파했고 그의 관찰은 옳았다. 위대한 장군은 '자, 오늘도 열심히 싸워서 돈 좀 벌어보자!'라는 마음으로 부하들을 데리고 전쟁터로 나가지 않는다. 그들은 돈이 아닌 명예와 국가의 안전을 위해 싸운다.

이와 마찬가지로 훌륭한 행위도 경제적인 보상을 바라고 하는 것이 아니다. 부모는 앞으로 받게 될 연금의 액수를 생각하면서 자녀를 위해 자신의 삶을 희생하는 것이 아니며, 소방관들은 자신에게 돌아올 이익을 계산하면서 불붙은 건물로 뛰어들고 사다리를 오르는 것이 아니다. 위대한 리더를 행동하게 만드는 것은 타인에 대한 염려와 자기 자신보다 더 중요한 대의이다.

네 번째는 공정함이다. 주변의 사람들에게 공정해야 한다는 것은 나의 철학적인 주장이라기보다는 실용적인 방편이다. 일단 성공을 이루기 위해서는 당신을 위해 일하는 뛰어난 인재가 있어야 한다. 곁에 있는 인재들을 불공평하고 비열한 방법으로 대우한다면 그들은 대부분의 선량한 사람들이 그렇듯이 결국 당신의 곁을 떠나버릴 것이다. 만약 그런 일이 생기면 빈자리를 그들보다 능력이 떨어지는 다른 사람으로 메워야 할 것이고 최고의 결과를 기대하는 것은 무리가 있다. 당신이 운영하는 회사가 최고가 되기를 바란다면 공정함과 관대함만은 절대로 잊어버리지 마라.

지금까지 살펴본 성공의 네 가지 요인을 하나씩 나열하는 것은 쉬울지 몰라도, 실제로 살아 숨 쉬는 사람에게 이 요인들이 잘 어우러져 나타날 때의 모습이 어떨지 상상하기란 그다지 쉽지 않다. 그렇다면 이 네 가지 요인을 모두 갖춘 사람은 어떻게 행동하고, 어떻게 자신을 통제하고, 어떻게 어려운 상황에 대처할까? 이를 알기 위해서는 마지막 다섯 번째 요소를 반드시 짚고 넘어가야 한다.

다섯 번째는 판단력이다. 이에 대해서는 짧은 이야기부터 시작해야겠다. 약 30년 전, 졸업이 얼마 남지 않은 어느 날이었다. 경영학과 학생들 중 한 명이 베이커 장학생 명단에 올랐다는 연락을 받았다. 그것은 그의 학점이 학과 전체에서 상위 5퍼센트 내에 들었다는 뜻이었다. 베이커 장학생이 되면 엄청난 특권을 누리는데, 쉽게 말하자면 이 타이틀이 이력서에 오르는 순간 취업문이 활짝 열리는 것이나 다름없다.

하버드 경영대학의 총명하고 성실한 수많은 학생 사이에서 장학생이 되는 일은 타고난 지능이 높다는 사실 외에도 얼마나 부단히 노력했는지를 증명하는 것이다. 우연한 실수로 베이커 장학생이 되는 사람은 없다. 그런데 그 젊은이는 예외였다. 상위 5퍼센트에 들기 위해 받아야 하는 학점은 해마다 조금씩 차이가 나기는 하지만 그의 점수는 그해의 기준에 미치지 못했다. 그는 다시 계산을 해보았지만 점수는 여전히 부족한 상태였다. 무엇인가 잘못된 것이 분명했다.

이때 당신이라면 어떻게 하겠는가? 이와 같은 입장에 처한 이들, 즉 오류로 인해 이득을 취하게 된 사람의 대다수는 아마도 군말 없이 그 상황을 받아들이는 경우가 많을 것이다. 어쩌면 이렇게 생각할지도 모른다. '어차피 장학금은 학교 관계자가 주는 거야. 그들은 학점을 계산하는 데 도사란 말이지. 그들의 수학 실력이 형편없어서든 컴퓨터에 문제가 생겨서든, 그건 내가 알 바 아니야.'

그 학생은 달랐다. 직접 담당 직원에게 전화를 걸어서 이번 장학생 제도에 착오가 있는 것 같다고 말했다. 그리고 문제는 아주 조용히 처리되었고 그에게 주어졌던 베이커 장학생 타이틀도 철회되었다. 베이커 장학생은 부모님을 모시고 학장들과 저녁 만찬을 가지는 것이 관례였지만, 성적표에 베이커 장학생들보다 낮은 단계의 성적 우수라는 타이틀이 찍힌 그는 MBA 프로그램의 학과장과 함께 별도의 행사에 참석했다.

이 이야기는 그렇게 끝나는가 싶었다. 졸업식 행사 전까지는 말이다. 졸업식 당일, 경영대학의 학장은 졸업생과 학부모 앞에서 양심 있는 행동을 보여준 학생의 이야기를 했고 설명이 끝났을 때 모든 사람들이 일어서서 끊임없는 박수갈채를 보냈다.

이제 정리를 좀 해보자. 우리는 그 학생이 충분한 지성과 확신 그리고 열정을 지녔다고 추측해도 좋을 것이다. 여기에 한 발 더 나아가 앞서 말한 성공에 꼭 필요한 네 가지 요인을 모두 갖추었다는 것 역시 의심의 여지가 없다.

먼저 그 학생은 오류가 있었던 장학생 선정에 대해서 매우 실망했을 테지만 스스로 극복해냈다. 사실 그가 하버드 경영대학의 학생이라는 점은 이미 그가 충분히 행운아라는 사실을 말해준다. 또한 직장 선택 시 큰 이점이 될 베이커 상을 포기했다는 것은 돈이 그의 주요한 동기부여 요인이 될 수 없음을 의미한다. 그는 투철한 페어플레이 정신을 보여주었고, 졸업식날 모든 사람이 그에게 박수를 보내는 장면은 가히 감동적이었다. 밝은 미래가 그를 기다리고 있음이 분명해 보였다.

그렇지만 모두가 박수를 친 것은 그가 맞이하게 될 밝은 미래 때문만이 아니었다. 바로 그의 정직하고 공정한 결정에 찬사를 보낸 것이다. 심각한 내적 갈등을 겪었을 어려운 상황에서도 그는 본능적으로 일을 바로잡았으며 보통 사람들을 뛰어넘는 높은 삶의 기준과 방식을 보여주었다. 그의 급우들을 포함한 모두가 다른 네 가지 성공의 요인들을 통제하고 조화롭게 만드는 가장 중요한 요인인 그의 현명한 판단력에 박수를 친 것이다.

앞서 말한 자동차 경주를 다시 떠올려보자. 우리는 자동차 경주에서 강력한 엔진과 성능 좋은 브레이크가 장착된 멋진 차를 향해 박수를 치지 않는다. 박수는 차를 운전한 레이서를 위한 것이다. 정신적 성숙과 함께 타고난 감각으로 힘든 상황에서 올바른 결정을 내린 주인공, 우리가 신뢰하고 찬양하는 대상은 바로 운전대 뒤에 있는 그 사람이다.

베이커 장학생 사건을 겪은 학생이 당신과 같은 직장을 다니게 되었다고 가정해보자. 아마도 그런 용감한 이와 한 회사를 다닌다는 사실, 그가 당신의 동료라는 사실에 매우 뿌듯할 것이다. 그에게 어려움이 닥치면 당신은 발 벗고 나서서 도와주려고 할 것이다. 만약 그가 당신의 투자금을 관리하게 된다면 혹시나 돈을 잃을지도 모른다는 불안감에 사로잡히는 일 따위는 일어나지 않을 것이다. 만약 믿음과 감탄이 돈처럼 은행에 맡길 수 있는 자산이라면 그 학생의 계좌는 실로 엄청나게 불어날 것이 틀림없다.

나는 교수로서 당신을 포함한 세상의 모든 제자들과 당신이 미래에 어떤 사람이 될 것인가에 대해 관심이 많다. 오만하지 않은 겸손한 지성과 확신 그리고 성공을 향한 열망을 가진 사람이 되길 바란다. 그리고 앞으로 당신이 삶을 헤쳐나갈 때 강인하고, 이타적이며, 무엇보다 공정하게 행동하기를 바란다. 부디 당신의 위대한 성공이 올바른 판단과 올바른 방식으로 성취되기를.

니틴 노리아

2010년 하버드 경영대학의 학장으로 임명된 조직행동 분야의 교수. 한 학생의 사소한 질문에도 무려 15분이나 시간을 할애할 정도로 성실하게 답변하는 그는 학교 내에서도 꼼꼼하고 완벽주의적인 성향을 갖고 있기로 정평이 나 있다.

히포크라테스 선서를
기억해야 하는 이유

젊었을 때부터 나는 내가 경영과 관련된 기관에서 일하고 싶어 한다는 것을 잘 알고 있었다. 나의 평생을 바쳐서 조직을 효율적으로 이끌어가기 위해 필요한 것들을 배우고 싶었다. 이런 생각은 아버지로부터 물려받은 것이었고 가장 소중한 유산이었다.

아버지가 태어났을 때만 해도 그가 앞으로 경영자가 된다든가, 심지어 화이트칼라 직장인이 될 만한 가능성은 거의 없어 보였다. 아버지는 다람코트라고 불리는 인도의 한 작은 마을에서 자랐는데 그곳은 파키스탄과 국경을 접한 곳에서 얼마 떨어지지 않은 지역이었다.

할아버지는 아버지가 열 살이 되던 해에 돌아가셨다. 이따금 아버지는 나에게 자신의 어린 시절에 대해 말씀해주시곤 했다. 그때는 엄청나게 가난하고 원시적이었다. 아버지는 날마다 몇 킬로미터를 걸어서 학교에 다녔으며 한밤중이 되어서야 집으로 돌아왔다. 또 기름 램프에 불을 붙여 그 불빛 아래에서 숙제를 했다.

그런 환경 속에서 아버지가 현실적으로 꿈꿀 수 있었던 삶은 마을의 삼류 장사꾼이 되는 것이었다. 그러나 아버지는 남다른 사람이었고 뛰어난 지능 못지않게 야망도 있었다. 그는 중·고등학교를 무사히 마쳤을뿐 아니라 이에 그치지 않고 대학에 진학하는 기염을 토했다.

아버지는 대학에서 엔지니어링을 전공하고 졸업한 후 필립스에서 일했다. 그리고 내가 태어나기 직전인 서른 살이 되던 해, 영국 맨체스터 경영대학의 장학생으로 유학을 떠났다.

부자 간의 관계는 사람들마다 천차만별이겠지만 우리는 매우 지적인 관계였다. 내가 아주 어린아이였을 때, 아버지는 당신이 하는 일에 대해서 매우 상세하고 생동감 넘치게 알려주었다. 책임자로서 당면한 어려운 과제들이 무엇인지와 이를 극복하기 위해 가지고 있는 기술들을 어떤 식으로 적용했는지 등을 알기 쉽게 설명해주었다. 나는 아버지가 비즈니스 리더라는 역할을 수행하기 위해 오랫동안 다양한 방면으로 고심하고 에너지를 쏟아붓는 모습, 근면하고 타인을 배려하는 모습, 능력을 연마하고 직장에서 최선을 다하고자 양심적으로 노력을 기울이는 모습 등을 바로 옆에서 지켜보았다.

나는 자라면서 경영인이 보여주는 힘에 대해 감사하는 마음을 지니게 되었는데 비록 그것이 아버지와 우리 가족의 삶에 미친 긍정적인 영향 때문만은 아니었다. 아버지가 운영하는 회사는 제품과 서비스를 판매하면서 우리 가족뿐 아니라 다른 모든 직원들과 사회에도 다양한 혜택을 제공했다. 회사는 다수를 위한 유형의 가치를 만들어냈다.

내가 지금의 직업을 가지게 된 까닭은 일찍이 리더십의 가치와 인간 행동의 복합성 그리고 작업 성과를 높이기 위해 필요한 것들에 매력을 느꼈기 때문이다. 나는 여러 경영인들의 코치 역할을 했고, 대학원생들을 가르쳤으며, 책도 쓰고, 회사의 경영진으로 직접 참여하기도 했다. 또 정부와 기업, 의료 기관, 학술 기관에서 겪는 현실적인 경영상의 문제점들을 조사하기도 했다. 이런 각각의 문제를 다루는 데 있어 목표는 언제나 똑같았다. 늘 리더들이 어떻게 문제를 해결해나가는지에 대해 알고자 했다.

그동안 계속 대학 교수로 살아오며 하버드로부터 월급을 받고 있음에도 불구하고 나는 스스로를 교수나 학자로 생각해본 적이 없다. 이러한 호칭 속에 거리감이나 수동적인 이미지가 내포되어 있다고 느꼈기 때문이다. 나는 단지 경영을 '연구'하기만 하는 사람이 아니며, 한쪽 편에서만 볼 수 있는 일방적인 창을 통해 수동적으로 내부를 들여다보는 중립적인 외부 관찰자도 아니다. 나라는 사람은 곧 경영의 '일부'이다. 경영은 나의 천직이며 자랑스러운 마음으로 인생 전체를 바치고 있는 대상이다.

그러나 1990년대 초에 나타난 일부 경영인들의 행동은 내 일생의 작업을 녹슬게 할 만큼 위협적이었다. 경제는 점점 둔화되는가 싶더니 아예 불경기로 접어들었다. 미국의 비즈니스는 크나큰 위기에 봉착했다. 신문은 난공불락의 안정성과 막대한 파워를 지녔던 유명한 기업들조차 막심한 손해를 입고 있다는 소식을 연일 기사로 쏟아냈다. 사실상 당시 미국은 적자의 늪에서 허우적대고 있었다.

이러한 경기 후퇴는 조금 색다른 것이었다. 불경기가 맹렬하고 지속적이어서가 아니라 (그보다 더 길고 가혹한 불경기는 예전에도 있었다) 대규모 산업이 벼랑 끝에 몰리는 심각한 위기를 맞았다는 사실과 고위 경영자들이 그런 위기를 만들어내는 데 연루되었기 때문이었다.

신문과 방송은 대기업들이 입은 손실과 빠르게 확산되는 실업자 계층에 대한 기사를 집중적으로 보도했다. 그러면서도 고위 경영자들이 여전히 엄청나게 높은 연봉을 챙기고 있으며 일부 경영진은 작금의 불경기를 합병과 해고의 기회로 적극 활용하고 있다는 사실을 지적하는 것 또한 간과하지 않았다.

그 시기에 전형적인 화전민식 경영(산에 불을 질러서 그것을 비료로 사용하여 밭을 일구고, 땅이 황폐해지면 또 다른 곳을 찾아 떠나는 화전민의 농법을 경영에 비유한 것)을 하는 CEO들이 생겨났으며 '전기톱'이라는 무시무시한 별명으로 불리던 경영자 앨 던랩Al Dunlap 같은 사람들이 갑자기 유명 인사가 되었다. 이제 경영자들은 투자자나 직원들과 맺은 어떠한 신뢰도 저버릴 수 있는 사람들로 인식되었다. 경제가 엉망이 되어버린 것을 모조리 경영인들 탓으로 돌릴 수는 없지만 그들은 불경기의 모든 결과를 초래하는 데 깊게 연루되어 있는 듯 보였고 심지어는 상황을 즐기는 것처럼 보이기도 했다.

일련의 과정을 거치는 동안 경영자 단체를 바라보는 사람들의 시각은 완전히 바뀌었다. 과거의 경기 침체는 대규모로 발생하는 통제 불가능한 사건들이라는 외부적 요인에 의해 발생된 까닭에 경영자 개인이 통제할 수 있는 수준을 넘어서는 것이었다. 전쟁과 인플레이션, 고유가는 과거 경기 침체를 이끈 장본인이었고 기업의 성장을 옥죈 요소들이었다. 그때는 경영인이 악당의 역할을 하지는 않았다.

당시 나는 종신 교수보다 한 단계 아래인 부교수 자리에 막 임명되어 전문인으로서 중대한 순간을 맞고 있었다. 학자로서의 열정을 보여주기 위해 대규모 연구 프로젝트에 착수했는데 그해의 사건들은 내 연구에 이상적인 소재를 제공해주었다.

이후 몇 년간 위기를 맞은 수많은 기업을 조사하며 연구에 한층 심혈을 기울였다. 이 과정에서 어쩔 수 없이 경영인들에 대한 대중의 신뢰가 무너져가는 것을 목격하며 점점 화가 치밀어올랐다. 전기톱이나 휘둘러대는 일부 몰지각한 경영인들이 문제였다. 그들은 자신의 명예를 훼손하는 것에서 그치지 않고 경영과 관련된 모든 직업과 모든 경영인들이 하는 일의 가치를 떨어뜨리고 있었다. 나는 다른 양심적인 경영인이 그런 오명을 덮어쓰는 상황에 분개했다. 그리고 그들도 나와 같은 심정일 것이라고 생각했다.

그러나 세상은 이상할 만큼 조용했다. 그 누구도 공식적으로 나서서 문제가 되는 경영인들의 행동을 성토하거나 본인들의 신성한 직업관을 스스로 되찾으려 하지 않았다. 다시 수십 년의 세월이 흐른 지금, 우리 모두는 또 다른 경영인들의 불법행위로 인해 그때와 똑같은 낭패를 당하고 있다. 아니, 비즈니스 리더십에 대한 신뢰는 그때보다 더욱 형편없이 떨어진 상태인지도 모르겠다.

나는 스스로에게 이런 질문들을 던졌다. 어떻게 해야 경영인들이 잘못된 선택을 하지 않고 기존의 문제들을 바로잡을 수 있을까? 어떻게 하면 경영인들이 집단적으로 합의한 도덕적 토대를 세울 수 있을까? 어떻게 해야 경영인들이 모두 일어서서 자신의 직업을 방어하고, 경영의 합법성과 명예를 회복할 수 있을까? 과연 경영인들이 자신이 몸담고 있는 분야에서 주인 의식을 가질 수 있을까? 또 그것을 함부로 훼손할 수 없는 우리 모두의 가치 있는 재산으로 키워내는 것이 가능할까?

나는 문득 경영이 다른 직업들과의 차별점이 무엇일까 하고 생각해보기 시작했다. 그리고 어떻게 해야 대중들에게 더 수준 높은 직업으로 인식되는 것인지, 각 구성원들이 바람직한 행동을 하도록 어떻게 격려하는지가 궁금해졌다.

갑자기 한 가지 생각이 떠올랐다. 다른 직업들은 모두 표준화된 행동 지침이 있지 않은가! 의사들은 히포크라테스 선서를 하고 변호사들은 법정에서 서약을 한다. 나는 이런 지침들이 그들의 생각을 드러내는 것은 물론이고 사회적 가치를 만들어냄으로써 그 직업에 대한 사람들의 인식에 상당한 영향을 미치고 있다는 생각이 들었다.

우리 사회에는 어떤 직업에 대해 일반적으로 적용되는 시각이 있다. 예를 들어 의사들은 병을 고쳐주는 '해가 되지 않는' 사람들로 여겨진다. 여덟 살인 딸은 커서 의사가 되겠다고 말하곤 하는데, 그 이유는 아이가 의사는 전문적인 기술을 이용해 사람들을 돕는다고 이해하고 있으며 동경할 만한 직업이라고 생각하기 때문이다.

의술과 마찬가지로 경영 역시 전문성과 기술이 필요하며 수많은 훈련과 견습 기간이 요구되는 동시에 지속적으로 타인의 삶에 긍정적인 영향을 미칠 수 있는 직업이다. 그런데 어째서 사람들은 의사가 되는 것은 이타적이고 사회적 가치를 창출하는 일로 생각하는 반면, 성공한 기업인이 되는 것에 대해서는 정반대로 생각할까?

시간이 흐르자 기업들은 다른 어떤 노력보다도 사회의 선善을 지키기 위해 공헌했다. 일자리를 만들어냈고, 가족을 부양할 수 있게 해주었으며, 경제 발전을 이룩했다. 또한 과학과 기술 분야에서 다양한 발견을 해냈다는 점에서 전대미문의 업적을 남겼다. 그러나 이것은 경영을 인식하는 대중의 일반적인 시각이 아니며 안타깝게도 경영인들마저 스스로를 이렇게 생각하지 않는 듯 싶었다.

왜 경영인은 본인들만의 행동 지침을 만들지 않을까? 나는 그 점이 매우 의아했다. 물론 기본적인 도덕 지침을 늘어놓거나 '그대는 고용인들을 착취하지 않을지어다'와 같은 법전에나 나올 법한 구절을 반복하기를 바라는 것은 아니다. 다만 동기를 부여하고, 의미 있는 존경과 학습, 선량하고 고결한 행동을 격려하는 내용들을 지침으로 만들면 좋지 않을까? 직접적이고 분명한 지침을 책상 위에 두고 지도와 격려가 필요한 순간이나 종종 신념이 흔들리게 될 때마다 참고할 수 있으면 어떨까? 경영자들이 지향하는 수준 높은 기술과 책임감을 요약해서 '경영인의 서약'을 만드는 것은 어떨까?

여전히 많은 기업이 각종 사회적 문제를 불러일으키고, 이는 끝날 기미가 보이지 않으며 그 영향은 극심하게만 느껴진다. 그렇지만 이번만큼은 조용히 입을 다물고 있지 않을 생각이다. 지침이 되는 원칙들을 마련함으로써 경영인들은 무너진 위상을 다시 세울 수 있을 것이다.

경영인의 서약

나는 경영인이다. 속해 있는 사회로부터 주민들을 위해 위대한 가치를 창출하는 기업을 만들어내라는 의무를 부여받았다. 그 신뢰를 저버리지 않을 것을 맹세하며 나에게 기업을 잘 관리하고, 대중의 이익을 실현하기 위해 노력하는 대리자가 될 책임이 주어졌음을 인정한다. 이에 나의 명예를 걸고 자발적으로 다음의 사항들을 준수할 것을 서약한다.

• 나는 내가 운영하는 기업이 창출하는 가치(그것이 상품이나 서비스, 일자리, 혹은 경제적 이익 등 어떤 형태이든지 간에)를 강화하기 위해 부단히 노력할 것이며 그 가치가 지속적으로 발현되도록 노력할 것이다. 이러한 기본적인 의무를 수행함에 있어 내 기업의 고객들 역시 많은 이익을 얻고 때때로 기업으로부

터 파생되는 이익의 수혜자가 될 수 있도록 균형적인 노력을 기울일 것이다.

• 서류상으로는 물론이거니와 마음속으로도 나 자신의 행위와 나의 기업을 통제하는 법률을 준수할 것이다. 내가 공식적으로 채택한 가치와 부합하도록 행동하고 타인의 정직에도 주의를 기울일 것이다. 나는 결코 기업의 이득보다 개인의 이득을 우선시하지 않을 것이다.

• 기업에 대한 정보를 적절하고, 분명하고, 정확하게 모든 관련 기관에 제공할 것이다. 나의 결정이 개인적인 변덕이나 성벽性解에 의해 좌우되지 않도록 투명한 방식으로 모든 결정을 내릴 것이며 개인 투자자나 계약직 근로자, 소규모 고객과 같은 약자의 이익을 보호하기 위해 최선을 다할 것이다.

• 최대한 많고 다양한 정보에 기초하여 사업상 요구되는 판단을 할 것이다. 잘 모르는 일에 대해서는 언제라도 "모른다"라고 말하고 필요하다면 동료들과 상의하거나 외부의 도움을 적극적으로 받을 것이다. 언제나 겸손하게 새로운 증거에

비추어 나의 결정과 견해를 재고할 것이다.

· 선대 경영자들로부터 물려받은 기술과 지혜를 존중하고
습득한 기술과 지혜를 후배들에게 기꺼이 물려줄 것이다. 직
업으로서 경영의 발전과 혁신을 위해 주어진 본분을 다하고
그 결과 경영이 사회 안녕의 지속과 증대에 지대한 공헌을 하
도록 힘쓸 것이다.

Remember
who
you are

킴 B. 클라크

경제학 학사·석사·박사 학위를 모두 하버드대학에서 취득한 경영학자. 잔잔하면서도 단호한 어조로 학생들을 뚫어지게 바라보며 자신의 확신을 전달함으로써 신입생이든 CEO이든 간에 모두가 강의에 귀를 기울일 수밖에 없게 만든다.

무엇을 하든
진짜 당신이 되어라

나의 어머니는 1998년에 세상을 떠나셨다. 그리고 몇 년 뒤 아버지 역시 어머니의 곁으로 가셨다. 내가 너무나 사랑했던 분들을 향한 그리움과 슬픔은 이루 말할 수 없었다.

비록 슬픔은 크지만 그분들이 살아생전 나에게 주었던 가르침과 충고를 통해서 항상 내 곁에 있다는 것을 안다. 부모님이 남겨준 메시지들은 오늘도 나를 바른 길로 안내한다. 나는 그 메시지를 이제 막 세상 속으로 나아가려는 당신에게 나누어주고 싶다.

내가 처음 충고를 들은 것은 어머니에게서였다. 그녀는 매사에 열정적이었다. 150센티미터 정도의 작은 키에 아담한 체구였지만 넘치는 활력으로 신체 조건을 극복했다. 또한 검은 머리카락에 눈매가 초롱초롱했고 지칠 줄 모르는 에너지를 아이들에게 모두 쏟아부었다. 그녀는 자녀인 우리를 믿었고 무척 사랑했다. 어머니에게서는 언제나 사랑이 넘쳐흘렀다. 어릴 적 그녀는 유타주립대학에서 네 블럭 떨어진 지역의 훌륭한 학자 집안에서 자랐다. 나의 외삼촌들 중 한 명은 대학의 학장이 되었고 또 한 명은 의사이자 의대 교수가 되었다.

어머니는 늘 자녀들에게 열정적이었고 자녀 스스로 삶의 기준을 높이 세우기를 바랐다.

"킴!"

매일 아침 내가 집을 나설 때마다 허리를 숙여 나의 눈을 똑바로 들여다보며 말씀하셨다.

"오늘도 나가서 리더가 되거라. 옳거나 그르다고 생각하는 일에는 절대로 물러서면 안 돼. 그리고 누구도 너를 함부로 대하게 두지 마. 언제나 네가 누구인지 기억하렴."

또한 다음과 같은 충고도 잊지 않았다.

"네가 지금 이런 환경에서 살 수 있도록 하기 위해 열심히 일하고 자신을 희생한 모든 사람을 기억해야 해. 네가 집 문을 열고 나가는 순간, 네 어깨에는 책임감이라는 망토가 씌워

진단다. 거기에 우리 집안의 명예, 엄마와 아빠의 희망도 함께 걸려 있다는 것을 기억해. 네가 한 약속과 앞에 놓인 훌륭한 기회들, 더 나은 세상을 꿈꾸는 너의 가슴속 희망을 기억해야 한다."

사실 그녀의 충고는 매일 이른 아침 도시락을 들고 학교에 가는 것만으로도 기특한 어린 초등학생에게는 좀 심하다 싶은 감이 있었다. 그러나 돌이켜보면 정말로 도움이 되는 좋은 충고였다. 어머니는 나에게 자신만의 높은 기준을 세우라고 조언했다. 그것은 단순히 내가 하는 일에 대한 기준이 아니라 어떤 방식으로 '왜' 해야 하는지에 대한 기준도 함께 세워야 한다는 뜻이었다. 그녀는 충고를 하는 것에 그치지 않고, 충고를 잘 따를 수 있도록 돕는 일에도 주의를 기울였다.

그보다 더 이전인 내가 유치원생이었을 때, 어머니는 나를 웅변 학원에 등록시키고 그로부터 5년간 일주일에 두 번씩 스튜어트 선생님이 운영하는 스튜디오에 데려다주었다. 그녀는 연극 연출가이자 행동 코치이며 발성법을 가르쳐주는 선생님이었다. 나에게 단어와 짧은 문장, 독백 형식의 시를 비롯하여 셰익스피어의 소네트를 학습 과제로 내주기도 했다. 나는 숙제로 받은 상당히 복잡한 구절들을 암기해야 했고 토요일마다 사람들 앞에서 그것을 발표했다.

어머니는 아침 일찍 나를 깨워 웅변 과제를 연습시켰다. 연습을 하는 동안 꼼짝하지 않고 앉아서 발표를 듣고 지도했다. 어린 나는 어떤 날에는 잠에 취해 비몽사몽 헤매기도 했고 아무리 외우려고 해도 잘 기억이 나지 않아서 형편없이 못하는 날도 있었다(당시 내 나이가 다섯 살이었음을 기억하기 바란다). 그때마다 어머니는 불쑥 끼어들어 "킴, 너는 노력을 아주 조금밖에 하지 않는구나. '할' 가치가 있는 일이라면 '잘할' 가치 또한 있는 거야"라고 말씀하시곤 했다.

당시 암기했던 구절들은 극히 일부를 제외하고 대부분 잊어버렸지만 학습하는 동안 들었던 어머니의 가르침은 지금도 생생하다. 물론 끊임없이 반복되었기 때문이기도 하다. 어린 시절 내내 그런 똑같은 충고를 항상 들어왔으니까. 절대로 과장이 아니라 정말로 항상 들었다. 그러나 진정으로 중요한 것은 어머니의 충고 뒤에 숨어 있는 진실된 의미였다. 내가 충고라고 생각했던 것들은 사실 나 자신과 내가 할 수 있는 일에 대해서 어머니가 스스로의 믿음을 확인하는 절차였던 셈이다. 내가 받은 주 2회의 웅변 수업은 연설 실력을 갈고닦기 위한 수단만이 아닌, 내가 성취할 수 있는 것에 대한 스스로의 믿음을 강화하기 위한 방법이었다.

어머니가 "리더가 되어야 해"라고 말씀하신 것은 단순히 모든 규칙을 따르고 누군가를 이끌어야 한다는 뜻이 아니었다. 그것은 다른 아이들의 생각에 휩쓸려 우왕좌왕하면서 내가 옳다고 생각하지 않는 행동을 해서는 결코 안 된다는 의미였다. "네가 누구인지 기억하렴" 하고 충고하신 것도 이런 뜻에서 비롯되었을 것이다.

어머니는 이 말도 늘 잊지 않았다.

"나는 너를 믿어. 네가 스스로 한 약속을 지키고 주어진 기회를 잘 활용하길 바란단다. 그리고 세상을 변화시키겠다는 마음속의 희망을 버리지 않고 살아가기를……."

내가 간직하고 있는 두 번째 충고는 아버지의 말씀이다. 부모님 두 분은 여러 가지로 대조적인 면을 지니고 있었다. 각자 살아온 환경도 기질도 서로 달랐다. 아버지는 인내심이 넓고, 부드럽고 차분했으며, 조용한 리더 스타일로 예나 지금이나 낙후되기는 마찬가지인 브라이스캐니언 산기슭 근처의 목장을 경영하는 집안에서 자랐다. 학창 시절 열심히 공부했던 그는 집안 최초로 대학에 진학했다.

어렸을 때 나는 그가 워싱턴주의 스포캔에 있는 시골 마을 어디서나 볼 수 있는 평범한 아버지인 줄 알았다. 그는 농경과 목축 잡지의 광고 팀 부장으로, 숱 많고 구불거리는 머리카락을 뒤로 말끔히 넘긴 헤어스타일이 매우 근사하여 눈에 띄는 사람이었다. 그렇지만 이전에는 말을 타고 방목장을 돌아다니면서 소를 몰고 말을 길들이는 진짜 목동이었다. 그 때문에 동이 트기 전에 일어나서 해가 질 때까지 하루 종일 육체노동을 하는 것이 얼마나 고된 일인지 잘 알고 있었다.

그때의 경험은 아버지에게 여러 가지 면으로 영향을 끼친 듯하다. 그는 언제나 전력을 다해 일했으며, 교육에 대한 열의도 높았고, 말 타는 것도 좋아했다. 학업을 계속하기 위해 목장에서의 생활을 뒤로하고 그곳을 떠났지만 일생 동안 승마를 즐겼다. 그가 나에게 들려준 충고 역시 승마의 즐거움과 그에 대한 애정에서 나오는 풍부한 은유로, 아름답고 심오한 의미를 담고 있었다. 아버지는 언제나 이렇게 말하셨다.

"말을 타고 높은 곳으로 올라가렴."

아버지는 우리 가족이 골짜기 마을에 정착해 하루하루 주어진 일들을 하면서 안정적인 삶을 사는 것을 받아들였다. 그렇지만 우리가 언제까지나 그곳에서 살아야 하는 것은 아니었다. 우리는 보다 높은 곳으로 갈 수 있었다. 그곳은 강렬한 빛이 비추고, 높고 푸른 하늘을 마음껏 볼 수 있으며, 말을 타고 끝없이 달릴 수 있는 곳이다.

나이를 좀 더 먹은 뒤 아버지의 메시지는 다음과 같은 의미임을 깨달았다.

"이상을 높이 세우렴. 골짜기와 일상의 그림자를 벗어나 시야가 탁 트인 더 높은 세상으로 올라가야 해. 그곳의 빛을 흠뻑 빨아들여 너의 영혼이 높이 날아오르게 해. 바람에 너의 머리카락을 나부끼게 하고 마음은 커다란 꿈을 꾸게 하렴. 삶과 일, 변화에 대한 열정이 자유롭게 흐르도록 만들어야 해."

부모님이 어린 시절의 나에게 전해준 메시지들은 유행하는 노래의 후렴구만큼이나 익숙했지만 그 메시지들이 내 삶을 이끌어주는 구체적이고 현실적인 길잡이가 될 것이라는 사실을 깨달은 것은 고등학교를 마칠 무렵이었다.

고등학교 졸업반 시절에 나는 친구 몇 명과 함께 록밴드를 결성했다. 우리는 정말 열심히 연습했고 단순한 취미 활동을 넘어서서 제법 들어줄 만한 실력을 갖추었다. 그리고 어느새 주말마다 공연을 하게 되었다. 흥분을 감출 수 없었다. 생활의 일부분은 밴드에 완전히 몰입된 상태였다. 그러나 나의 또 다른 일부는 클라크 집안의 장남으로서 전통에 자부심을 느끼고, 교회의 성실한 신도이며, 대학에 들어가기 위해 부지런히 공부하는 성실한 학생이었다.

얼마 후 나는 부모님에게조차 알리지 않고 하버드대학에 지원했다. 집안에서 그때까지 하버드대학에 들어간 사람은 단 한 명도 없었고 나 역시 합격을 크게 낙관하지는 않았지만 그래도 한번 도전해보고 싶은 마음을 갖고 있었다. 그런 이유로 나는 절반은 열정적인 록 뮤지션으로 살면서도 나머지 절반은 가족과 교회, 학업에 심혈을 기울였다. 두 갈래의 평행선 위를 달리는 생활을 했던 것이다.

그러던 어느 날, 우리 록 밴드가 시 경연대회에 출전해 우승하면서 모든 상황이 가열되기 시작했다. 멤버들의 눈빛은 뜨겁게 타올랐고 우리 앞에 출세의 길이 열릴 수도 있었다. 반대로 나는 점점 불안한 마음이 들었다. 이제 평행선은 끝이 났고 나는 마침내 평행선이 아닌 분기점 위에 서 있다는 것을 깨달았기 때문이었다. 그때까지 나는 어떤 사람들과 함께 있느냐에 따라 정체성을 자유롭게 넘나들며 두 가지 모습으로 살아왔지만 이제는 선택을 해야만 했다.

내가 원하는 일이 무엇이고, 어떤 사람이 되고자 하는지 선택해야 하는 순간을 맞이하자 제일 먼저 떠오른 것은 부모님의 충고였다. 나 자신이 누구이며, 지금껏 어떻게 살아왔는지 생각해보았다. 꿈꾸는 미래에 대해서도 생각했다.

그것은 음반 계약을 하고, 머리를 길게 기르고, 공연을 다니느라 투어 버스 안에서 오랜 시간을 보내는 삶이 아니었다. 결국 밴드를 그만두기로 결정했다. 멤버들은 깜짝 놀랐다. 그들은 밴드가 성공을 앞두고 있는 시점에서 내가 탈퇴를 하는 것이 어이가 없는 눈치였다. 그러나 나는 밴드가 아무리 성공한다고 해도 그것이 내가 나아갈 길이 아니라는 것을 알고 있었다. 그것은 나의 열망이나 바라는 미래와 일치하지 않는 길이었다. 그 길은 분명 즐거웠지만 나의 길은 아니었다.

부모님의 충고는 그 일뿐 아니라 내 인생의 또 다른 여러 상황들 속에서 다시 중심을 잡고 정신을 가다듬을 수 있게 도와주었다. 그때마다 나 자신이 누구이며, 내가 간직한 희망과 꿈이 무엇인지 기억해낼 수 있었고, 내가 도달하고자 하는 높은 곳을 바라볼 수 있었다. 때때로 내가 인생을 통해 이뤄야 하는 것이 과연 무엇인지 종잡을 수 없는 기분이 들기도 하고, 미래가 불확실하게 느껴지기도 했지만 부모님의 충고는 나를 지탱해주는 중요한 토대였다.

　지금 나는 미래를 이끌어갈 인재들을 교육하는 일을 하고
있다. 학생들이 세상을 변화시킬 수 있는 힘을 갖출 수 있게
돕고 있는데, 사실 세상을 바꾸는 힘은 우리 모두가 가지고 있
다. 또한 그 힘이 비롯된 자신만의 토대 역시 가지고 있을 것
이다.

　물론 그것은 당신을 격려하는 부모님의 교훈이 아닐 수도
있다. 스승이나 조언사, 혹은 친구의 충고일 수도 있고, 아니
면 본인만의 원칙이나 가치, 신념일 수도 있다. 나는 그 모든
것과 함께 내 부모님의 이야기까지 마음속에 간직해주기를
희망한다.

　당신이 어느 조직의 어떤 자리에서 일하든, 당신의 동료들
이 "내 주위에 신뢰할 수 있는 사람이 누구일까?"라고 자문했
을 때 그 대답이 바로 당신이기를 희망한다. 그리고 미래를
향해 앞으로 나아갈 때 엄청나게 큰 희망이 당신에게 걸려 있
음을 깨닫기 바란다. 당신 앞에는 험난하고 불확실한 세상이
펼쳐져 있으며 그것은 수많은 모험과 커다란 보상으로 가득
차 있다. 그런 세상 속에서 비즈니스는 가장 역동적인 힘이

되어줄 것이다.

우리는 사회를 변화시킬 리더를 필요로 한다. 완전무결함과 존경심과 인격적 책임이라는 높은 기준에 굳건히 뿌리내린 리더, 높이 바라보는 것을 두려워하지 않으며 자신과 주위 사람들에 대한 희망과 믿음을 간직한 리더가 필요하다.

당신이야말로 바로 그런 리더십을 발휘할 수 있는 사람이다. 그래서 내가 당신에게 해줄 말은 정말 간단하다. 무엇이든 간에 현명하게 잘 선택하라는 것뿐이다. 당신의 인생을 좌우하는 가치와 원칙의 중심을 찾아내서 그것을 충실히 지키고 굳건히 고수하라.

언제나 당신이 누구인지 기억하라. 그리고 말을 타고 아주 높은 곳으로 올라가라.

감사의 글

이 책을 쓰는 길고도 때로는 힘들었던 시간 동안, 나를 도와준 사람들에게 일일이 감사의 말을 전하려고 한다면 본문보다 더 길어지는 일이 생길 것 같다. 그래도 글을 기고해주신 교수님들은 말할 것도 없고, 몇몇 친구들과 조언자들 그리고 동료들의 따뜻한 도움은 반드시 짚고 넘어가야 하기에 이 기회를 빌려 그들에게 진심으로 고맙다는 말을 하고 싶다.

약 18개월 전, 니틴 노리아 교수님은 이 책의 출판에 대한 나의 다듬어지지 않은 생각을 듣자마자 가치 있는 일이라며 하루빨리 계획을 실행에 옮기라고 격려함으로써 내가 일을 시작할 수 있도록 도와주셨다. 처음부터 끝까지 교수님의 전략적 충고와 격려는 큰 조언이 되었다. 그의 모든 도움과 조언에 감사드린다. 특히 헬렌 리스를 나의 에이전트로 소개해준 것에 진정으로 감사드린다. 첫 전화 통화에서부터 나는 그녀와 함께 일하는 것이 즐거운 작업이 되리라고 예감했다. 그 느낌은 정확했다. 헬렌은 유머러스하면서도 기품 있는 태도로 내가 한 페이지 분량의 짧막한 글을 완전한 계획안으로 바꾸고, 그것을 1년 동안 다시 원고로 탄생시켜야 하는 벅찬 업무를 수행할 수 있도록 잘 이끌어주었다. 그녀의 재능이 없었다면 이 책은 나오기 힘들었을 것이다. 아울러 헬렌의 동료인 조앤 마즈마니언에게도 감사를 전한다.

또한 하버드 경영대학 출판사의 능력 있는 직원들과 함께 일하게 된 것이 나에게는 큰 영광이자 기쁨이었다. 수잰 로톤도는 이 책의 가능성을 발견하고 지원을 아끼지 않았으며 초안을 세심하게 검토해주었다. 수잰이 다른 일을 맡게 되면서 이 프로젝트를 이어받은 홀리스 하임바우크는 거침없는 진행으로 일을 빠르게 진척시켰다. 그녀와 함께 작업하게 된 것은 정말로 행운이었다. 홀리스는 날카로운 편집인의 눈으로 내가 이 책의 각 장을 깔끔하게 정리할 수 있도록 많은 도움을 주었다. 그녀 덕분에 책의 주제와 내용 모두 훨씬 더 좋아졌다. 겸손한 마음으로 그녀의 놀라운 에너지와 재능 그리고 이 책에 보여준 믿음에 대해 감사한다. 임원들에게 이 책의 출판을 제의한 캐럴 프랭코와 월터 키셀에게도 감사드린다. 편집과 구성에 대해 감탄할 만한 제안들을 내놓으면서 모든 과정을 감독한 아스트리드 산도발, 표지를 멋지게 디자인한 마이크 펜더에게도 감사의 마음을 전한다. 그리고 마케팅, 광고, 영업 부서에 있는 유능한 직원들의 엄청난 수고에 특히 감사를 드린다.

이야기 형식으로 된 글이 이렇게 빛을 발하게 된 데에는 수고를 마다하지 않은 세 명의 유능한 인재를 빼놓을 수 없다. 교정을 맡은 코니 해일은 원고 전체를 읽기 쉬운 명쾌한 글로 탄생시켰다. 그녀는 핵심을 정확히 집어내면서 내가 보다 우아하고 생동감 넘치는 언어를 구사할 수 있게 도와주었다. 만약 이 책 어딘가에 애매모호하거나 잘못된 문장이 있다면 그것은 순전히 내 잘못이지 코니의 잘못이 아니다. 세바스티안 스튜어트는 시간이 촉박한 시점에 글쓰기를 직접 도와주기도 했다. 스테파니 머그는 인터뷰들을 옮겨 적고, 빠른 속도로 사실을 검토했으며, 독자의 눈으로 초안을 숙독한 후, 여러 가지 유용한 제안을 했다.

이 책을 준비하는 동안 경외심을 불러일으키는 많은 인재들로부터 지속적으로 도움을 받았는데, 그중에서도 가장 영광스러운 사실은 바로 하버드 경영대학의 교수님들과 함께 작업했다는 점이다. 교수님들께서 인생에 대한 이야기와 경험, 아이디어, 지식을 공유해준 것에 깊이 감사드린다. 지난 1년간 교수님들은 이 프로젝트에 연관되어 자신의 이야기와 생각을 글로 기록해야 하는 쉽지 않은 상황에 놓여 있었다. 모든 분이 바쁜 일정과 원고 마감일로 인해 압박감을 느끼는 와중에도 잘 협조해주셨다. 그분들의 생각과 조언이야말로 이 책이 무사히 탄생할 수 있도록 나를 자극한 열정의 원천이었다. 모쪼록 이 책이 교수님들의 노고에 대한 답례로써 부끄럽지 않기를 진심으로 바란다. 아울러 교수님들과 작업하는 동안 도움을 준 조교들, 크리스 알바니스, 레아 코핀, 셰릴 데이글, 수전 디보, 로에나 포스, 캐시 이반시, 조앤 맥도널드, 샌드라 넌리, 엘리자베스 셸레, 엘리자베스 샘프슨에게도 감사의 마음을 전한다. 그리고 학장실의 진 커닝햄에게 특별히 고마움을 전한다. 또 내가 이 책을 집필할 때 말로 표현할 수 없을 만큼 헌신적인 도움을 준 사람들도 있었는데 그들에게 머리 숙여 감사드린다.

지금은 고인이 되신 자이 자이쿠마르 교수님의 경험담은

다섯 분의 도움이 없었다면 결코 이 책에 수록되지 못했을 것이다. 켄트 보엔 교수님은 나에게 어떤 이야기가 있다고 말씀하시며 샘플을 보여주셨다. 리처드 스콰이어와 세라 하든, 해리 윌슨이 그 샘플을 만든 주인공들이다. 그들은 자이쿠마르 교수님의 이야기를 완벽하게 기록해내는 영감과 재능을 가졌으며, 내가 그 글을 사용할 수 있도록 허락하는 넓은 아량도 지니고 있었다. 그리고 미니 자이쿠마르에게 연락했을 때, 그녀는 매우 정중한 태도로 남편의 이야기를 책에 넣어도 좋다고 허락해주었다. 그녀에게 깊이 감사드린다. 이와 더불어 '확신을 가져라, 당신의 생각이 정답이다'를 직접 써주신 제프리 레이포트 교수님에게도 감사드린다. 또한 이미 판권으로 보호된 작품을 개작하도록 허락한 하버드 경영대학 출판사와 경영역사협의회에도 감사를 표하고 싶다.

마지막으로 개인적인 면에서 도움을 준 사람들에게 고마운 마음을 전한다. 이 길고 험한 여정을 지나는 동안 친구들은 나를 처음부터 끝까지 물심양면으로 지원해주었다. 그들이 보여준 인내심은 실로 놀라웠으며 동시에 낙관적인 태도는 나에게도 전염되었다. 그들이 있었기에 이 여행이 가능했고 가치가 있다고 생각한다.

리처드와 제니퍼 린더 박사는 언제나 현관문을 활짝 열고 나를 맞아주었으며 글을 쓰고 머무를 수 있는 공간도 내주었다. 리처드는 나의 계획서 초안을 읽은 후 많은 조언을 해주었고, 제니퍼는 프로젝트 초기에 정확하게 필요한 도움을 주었다. 그리고 제프리와 사리타 스키드모어는 내가 캘리포니아에서 지냈을 때 거처를 마련해주었고, 이사벨 웨이드먼은 몇 번이나 내가 그녀의 아파트를 사무실 겸 우편물 수취소로 이용할 수 있도록 허락했다. 에리카 미켈센과 앤 토커는 다른 일들이 잔뜩 쌓여 있음에도 불구하고 지적 재산권과 관련해 중요한 조언과 지도를 아끼지 않았다. 토니 데이펠은 사진가로서뿐만 아니라 예술가로서의 통찰력으로 창의적인 분야에 도움을 주었고, 레슬리 페로와 존 트래버스는 작가로서의 경험에 비추어 구체적인 조언을 해주었다. 내가 직업 세계에 뛰어든 첫날부터 그러했듯이, 세네카 머드는 내가 '무모함'과 '혼란'에 맞닥뜨렸을 때도 계속 웃음을 잃지 않도록 도와주었다. 나의 어머니 메리 웨이드먼 여사 역시 매 순간 나를 격려했고, 지난 1년 반 동안 폴 스턴헬은 지치지 않고 나를 지원해주었다. 그는 원고 초안을 숙독했고, 나의 정보 관리 책임자가 되었으며, 이런 일들로 인해 방학을 완전히 망쳐버렸음에도 불구하고 묵묵히 참아주었다. 나 자신과 내가 추진하는 일을 믿어준 그에게 깊이 감사하며 이 책을 바친다.

Remember
who
you are

기억하세요. 인생에 실패란 없습니다.
실패는 인생이 우리를 다른 방향으로
이끌려 하는 것뿐입니다.

-오프라 윈프리Oprah Winfrey, 하버드대학교 졸업 연설 중에서

옮긴이 안명희

서강대학교 영문학과를 졸업했고, 영미권 비즈니스 관련 도서와 교양도서를 주로 번역했다. 옮긴 책으로는 『거리의 법칙』, 『직장에서 만난 요다』, 『명함의 뒷면』, 『부자 아빠 독자들의 투자 성공기』, 『축구는 어떻게 세계를 지배했는가』, 『파워 오브 스피치』 등이 있다.

세계 최고의 대학이 수백 년 동안 청춘에게 던져온 질문들

어떻게 해야 원하는 삶을 사는가

초판 1쇄 발행 2022년 3월 28일

지은이 데이지 웨이드먼 **옮긴이** 안명희
펴낸이 김선준

책임편집 배윤주 **편집2팀장** 서선행 **디자인** 엄재선
마케팅 권두리, 신동빈 **홍보** 조아란, 이은정, 유채원, 권희, 유준상
경영지원 송현주, 권송이

펴낸곳 ㈜콘텐츠그룹 포레스트 **출판등록** 2021년 4월 16일 제2021-000079호
주소 서울시 영등포구 여의대로 108 파크원타워1 28층
전화 02) 332-5855 **팩스** 070) 4170-4865
홈페이지 www.forestbooks.co.kr **이메일** forest@forestbooks.co.kr
종이 (주)월드페이퍼 **인쇄·제본** 한영문화사

ISBN 979-11-91347-70-8 (03190)

㈜콘텐츠그룹 포레스트는 독자 여러분의 책에 관한 아이디어와 원고 투고를 기다리고 있습니다. 책 출간을 원하시는 분은 이메일 **writer@forestbooks.co.kr**로 간단한 개요와 취지, 연락처 등을 보내주세요. '독자의 꿈이 이뤄지는 숲, 포레스트'에서 작가의 꿈을 이루세요.